Within a Political Environment

D1306746

A self-learning program for federal public service managers.

OBJECTIVE:

This program is intended as an introduction to the emerging field of crisis management. It was produced to help public service managers develop the basic tools and techniques needed to effectively manage crises within a political environment.

The objective of the program is to clarify both the practices and the terminology used in crisis management, and to provide practical guidelines for developing, and activating, crises management plans.

The program combines video and print components; you are encouraged to move from one to the other at your own pace, as time permits.

Throughout the program, you will hear from other senior public service managers who have (to varying degrees) "survived" crises. They will share their experiences with you.

THE COMPONENTS:

There are two... this manual and the videocassette packaged with it. The video is 62 minutes long. It's divided into five modules, which correspond to the five modules in this manual.

Although each component may be used on its own, they are designed to work together. You'll reap the greatest benefit from the program if you move from the video to the manual as suggested below.

1

CX

CONTENTS:

■ **Module 1** presents the concept of *crisis management*, defining it within a political context. It differentiates the three levels of response – emergency response, emergency management and crisis management – and introduces the idea that crises <u>must</u> be planned for.

■ **Module 2** examines the life-cycle of a crisis. The Confidence/Control Model, an analytic tool for recognizing and understanding the stages of a crisis, is presented and discussed.

■ **Module 3** is a step-by-step guide to crisis management planning. It outlines practical steps to be taken in preparing for and responding to crises.

■ **Module 4** covers the complex subject of crisis communications... from developing a crisis communications plan, to working with the media.

■ **Module 5** brings everything together in a simulated crisis scenario designed to challenge the viewer, and reinforce the principles learned in the first four Modules.

USING THIS PROGRAM:

STEP 1 ➤ We suggest you start by watching Module 1 of the video, which is 10:09 minutes long. Then, stop the tape and read through Module 1 of this manual, which supports the video.

STEP 2 ➤ Then go on to Module 2. Again, we suggest that you watch the video before reading the manual. Module 2 of the video is 8:44 minutes long.

STEP 3 ➤ Modules 3 and 4 are a little different. You should read through the manual sections before screening the video. Module 3 of the video is 8:43 minutes long; Module 4 is 13:19 minutes long.

STEP 4 ➤ The last module is video-driven. A dramatic re-creation of a crisis gives a flavour of how the various components of crisis management and crisis communications come together in the pressure-cooker atmosphere of "the real thing". This final video Module is 21:22 minutes long, and is meant to reinforce the principles learned in the earlier Modules; you may want to screen it a day or two after the others. The print component of Module 5 is intended as reference, and a reminder of the steps involved in managing a crisis. It is presented as a transcript of the video module.

What is Crisis Management?

Many of you may also be asking yourselves "...and why should I care?" Crises happen all the time. They're part of life in any large organization, and managing them is part of your job.

What you may be missing out on are the best tools to do that job. When you work through a crisis on an ad-hoc basis, you run unnecessary risks. For instance, if you don't recognize the stages of a crisis, you may wait too long to act. Without setting up and testing relationships, you may run afoul of other departments or governments. You may lose time getting approvals, or establishing the policies necessary to do the job – time during which operational issues are rapidly unfolding and the media are coming at you with tough questions. If your communications effort isn't well-organized, the public may get mixed messages. The list goes on.

You may be thinking that with policy and products to deliver, this is not the time to bring in some new management tool. You're not alone. Most organizations which now have crisis management plans didn't embark on them until they were shaken by a major event.

The thing to remember is that *crises are inevitable*. And while the word *crisis* conjures up thoughts of natural and human-made disasters, of lives lost and property damaged, most public service managers have to deal with crises that relate more closely to their every-day area of responsibility, eg. the delivery of programs, the application of regulations, and the interpretation of policy. Crisis management is an integral part of every manager's responsibility. Any department, or any branch of a department, may find itself in a crisis management role.

Fortunately, like any other management challenge, crises *can* be *planned* for, at least in the sense that certain procedures can be agreed upon in advance, and activated once a crisis hits.

This first module lays the groundwork for the concepts and techniques set out in the following four segments. It offers a definition of crisis management within a political context, and looks at three levels of response: emergency response, emergency management, and crisis management. In it, you'll also hear from several senior government managers who've managed or participated in major Canadian crises.

> **"In government,** an event becomes a crisis when the media, Parliament or a credible or powerful interest group identifies it as such. It may not pose a threat to human life, but it must somehow challenge the public's sense of appropriateness, values, safety, or the integrity of the government."
>
> …Privy Council Office

EMERGENCY RESPONSE, EMERGENCY MANAGEMENT, CRISIS MANAGEMENT

Many of you have gone through emergency management or media relations training. You may believe you're ready for any crisis headed your way. What you're really equipped for is an *emergency*.

There are actually three levels of response activity:
- Emergency response;
- Emergency management, and;
- Crisis management.

These are not simply escalations in seriousness or liability. Crisis management is a distinct state of operations, aimed at solving a clearly defined problem.

Consider a jail-break, for instance. Granted, there's violence, there's damage, there's a loss of control. But because escapes are expected within the prison system and can be planned for, a jail-break is usually considered an emergency event. On the other hand, if the incident reveals some major flaw in policy or practice, then it has the potential to become a crisis.

Some of you may not agree with that distinction. But remember, we're looking at crisis management *in a political context*. Scores of people are equipped to deal with events that threaten human life or the environment.

A crisis challenges the public's sense of values, safety, and -- most importantly -- the integrity of government. Crisis management calls for exceptional information management and inter-agency relations. And crisis resolution means maintaining or restoring the public's *confidence* in government's *control* of an event.

EMERGENCY RESPONSE:

The Bus, 1989
Terrorist holds a busload of hostages on Parliament Hill.

Epidemic, 1991
A deadly strain of meningococcal virus hits Eastern Canada, killing 50% of its victims.

Derailment, 1992
A chemical spill forces the townspeople of Oakville, Manitoba, to flee their homes over Christmas.

Dramatic as these events were, they were all handled at the *emergency response* level. Emergency response deals with the immediate <u>problem</u>.

Using the above examples, that means capturing the terrorist, vaccinating potential victims, and cleaning up the spill... actions dealing primarily with the technical, scientific and logistical responses required to solve the problem. Normally, events that can be handled by emergency response actions alone have a short time frame and are not cluttered with complicated institutional or political consequences.

EMERGENCY MANAGEMENT:

Tenyo Maru, 1992
Foreign ships collide, spilling oil in the North Pacific and endangering Canadian and U.S. coastlines.

Los Angeles, 1994
Devastating earthquake leaves thousands homeless.

Lester B. Pearson International Airport, 1994
Ruptured fuel line cripples Canada's largest airport.

All three of these were emergencies, and so, required emergency response actions to deal with the problem at hand. But... they also required management intervention at a more complex level. The questions that may arise here are: who's in charge?, who'll pay?, and who's at fault? These are the consequences of a problem, and call for exceptional *emergency management*.

The shipping accident, for example, raised questions of international liability... The earthquake required large-scale relief efforts, reconstruction, and compensation... And the airport incident involved several private contractors on federal land – again, who's in charge?, who'll pay?, who's at fault?... and, is there any long term liability?

CRISIS MANAGEMENT:

Chilean Grapes, 1989
Chilean radicals threaten to poison fruit shipped to North America.

Tainted Fuel, 1989
The Globe & Mail reports Environment Canada is turning a blind eye to contaminated fuel imports.

Fuel laced with toxic wastes sold in lucrative scam

Somalia, 1993
Canadian soldiers are charged with torturing and killing a Somali teenager.

These are *crises*. They may not seem as dramatic as some of the emergencies we looked at, but they all generated questions about the effectiveness or integrity of the government to manage... Why isn't the Canadian food system safe? Can't I expect my government to ensure that my food products are free from wilfull contamination? Why isn't Environment Canada acting to protect us? Is my government allowing clandestine waste disposal companies to dump lethal chemical ingredients into the air I breathe? How could the Canadian Forces allow such atrocities?

Questions like these generate their own kind of drama, and place exceptional demands on those who must manage the issues surrounding the problem.

SURVIVOR INSIGHTS

Crisis survivors provide insights...

❝*A crisis is a situation where something has gone wrong, evidently, where the stakes are high, where the time to deal with the problem is limited, and the options are few. So one has to bring to bear a great deal of ingenuity to bring it back to business as usual.*"

Dr. Peter Meyboom, DM - Fisheries and Oceans Canada
...during the Star-Kist incident

❝*You're often dealing with perceptions, unfounded accusations, misinformation, or information suddenly coming out that you had not dealt with before. It's a whole different skill set and a whole different group of people that need to deal with that kind of thing. And frequently, of course, it involves the political level fairly quickly. That's makes it, in my view, very much of a crisis.*"

Eleanor Kulin, Communications Director - Environment Canada
...during the Hagersville and Tainted Fuel incidents

❝*What does one do with thousands of tons of food produce? How is it disposed of? Can it be reinspected? What happens at the border? We involved a great many agencies, both federal and provincial...*"

Dr. Bert Liston, ADM - Health Canada
...during the Chilean Grape incident

As you can tell from those comments, no single framework can prepare you for everything. Still, a crisis management plan will help defuse most events. It will also build the reflexes necessary to respond to others as quickly as possible. We'll discuss crisis management planning in detail in Module 3.

RECAP

- **EMERGENCY RESPONSE**   deals with the ***problem***.

- **EMERGENCY MANAGEMENT**   deals with the ***consequences*** of the problem.

- **CRISIS MANAGEMENT**   deals with the ***issues*** surrounding the problem; issues that <u>don't</u> always start as emergencies... where the integrity of the government to manage has become the focal point.

Or, to put it another way...

- **EMERGENCY RESPONSE**   deals with the problem of ***what*** went wrong and ***how*** to solve it.

- **EMERGENCY MANAGEMENT**   deals with the question of ***who*** did it, ***when*** it occurred and ***where*** it happened.

- **CRISIS MANAGEMENT**   deals with the issue of ***why*** it happened.

- **Dealing with crises is an integral part of every manager's responsibility. Your department's credibility – and your own – hangs in the balance.**

- **Although crises are unpredictable, they are inevitable, and so...**

- **Crises can – *and must* – be planned for.**

The Stages of a Crisis

In public administration, a crisis occurs when public confidence is lost because:

● Government is seen to be acting in a way that is too oppressive, self-serving, discriminatory, or short-sighted, or
● Government is seen not to be acting at all.

With loss of confidence comes public criticism and loss of control.

But how do you know when an incident warrants the shift into crisis mode? After all, making that call means mobilizing a lot of people and resources. Also, at what point do you shift back to normal operations, giving up the resource and administrative short-cuts that go with a well planned, solid crisis management program?

Recognizing the stages of a crisis will help you manage most incidents better, and will help you avoid some crises altogether. While Module 1 dealt with activities – emergency response, emergency management and crisis management – Module 2 looks at the crisis environment. Every department's crisis environment will be different, but this overview of the attitudes, questions and influences that distinguish each stage can serve as a starting point for your own crisis management efforts.

THE STAGES OF A CRISIS

The life-cycle of a crisis revolves around the relationship between an organization's *control* over an event and the public's *confidence* that the organization can sustain the control. This module will provide you with a useful analytical tool, called the Confidence and Control model, for clarifying that relationship.

The Confidence and Control Model, developed by Dr. Peter Meyboom, former Deputy Minister of Fisheries and Oceans Canada, places events on a grid. The axes of the grid represent the level of confidence and control, and range from zero to 100%. The four quadrants represent four stages (quadrants) of activity, or, in our words, four environments.

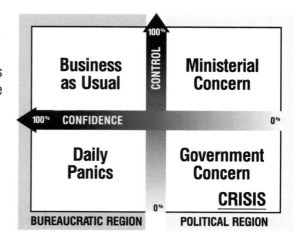

The model will give you a framework in which to judge the severity of particular emergencies or developments. It will help in your study of past crises, thereby pro-

viding another assessment tool. And finally, it can help you anticipate the next stage of an incipient crisis, and plan management and communications strategies accordingly.

QUADRANT 1 ▶ For now, let's look more closely at the four stages or quadrants. The first quadrant, **Business as Usual**, will be different for everyone. For some, business as usual may be program administration. For others, it's emergency response. In a given year, there may be 20,000 chemical releases in Canada, a thousand avalanches, and hundreds of tough questions on a given program area during Question Period. In virtually all these cases, there is a response strategy: the spill is cleaned up, avalanche damage is repaired and people are rescued, and sound answers are prepared and delivered.

At this stage, control is a given. Natural disasters and political manoeuvres are predictable, at least in a broad sense. As such they can be prepared for and controlled. Public confidence doesn't enter the equation, because people either hear very little about the problem, or they hear that it's been resolved.

QUADRANT 2 ▶ **Daily Panics** are more complex. Take the same examples and carry them a step further: perhaps a spill involving the evacuation of a town... an avalanche with fatalities... or a surprise political attack on a sensitive program area. These events are harder to control; the consequences are more serious; and more resources are brought into play.

But most organizations consider daily panics a part of life, and prepare for them accordingly. At this stage, the public confidence dimension isn't affected too adversely either. There may be a few ripples among government-watchers, but there's generally no long-term damage.

THE STAGES OF A CRISIS

QUADRANT 3 In the third stage – **Ministerial Concern** – the situation escalates. With issues like pesticides on fruit or contaminated soil, public confidence can bottom out even when the problem <u>is</u> under technical control. The Minister's ability to manage the issue becomes the focal point.

QUADRANT 4 Finally, there are events that fall under the heading of **Government Concern, or Crisis**. Within a political context, this is a broad group: notable Canadian crises include the St-Basile warehouse fire, the 1989 budget leak, and the Somali killing. Each became a crisis for different reasons, but they all shared certain characteristics: they were unexpected incidents which unraveled at great speed. Their scope, duration or policy implications made them hard to control. And they involved the public's confidence in government's ability to control events as a whole.

At this level, it's no longer a question of resolving the problem, or managing the associated consequences. A crisis can strike at the most basic assumptions of good government, and the question most likely to be asked of government is "How could you let this happen?" The government's ability to manage becomes the focal point.

To revisit the terms used in Module 1 for a moment, a department can be involved in emergency response or emergency management in any of the four stages discussed here. Crisis management might seem to come into play only in the government concern stage. In fact, a good crisis management program operates at some level all the time.

Here are a few examples of events that might fit into each of the four stages or dimensions of a crisis. Which events in your department might fit into each of them?

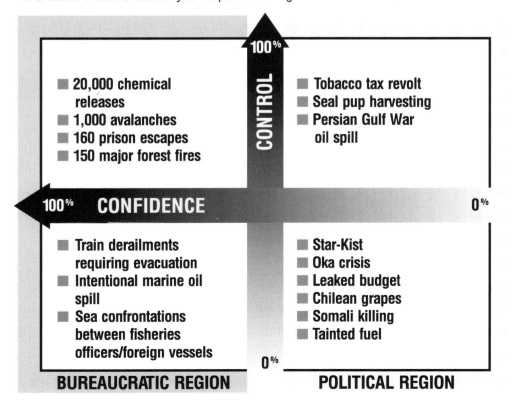

THE STAGES OF A CRISIS

While natural disasters or emergencies can certainly strike fear into people's hearts, there are often other forces of non-confidence that act as catalysts and push an incident into crisis proportions. The most basic is an aggrieved party making its case public, with or without the help of elected representatives, and with or without the help of lobbies and special interest groups.

It's important to remember that while the media are instrumental in accelerating or decelerating a crisis, they are simply instruments. The real sources of conflict are the people who intentionally or not, pass misinformation to the media:

■ The aggrieved party telling a story that <u>mixes facts, opinions and sentiments</u>;
■ The elected representative telling the <u>same story second-hand</u>;
■ Lobby and special interest groups telling <u>only part of the story</u>.

Once initial reports come in, other voices often join in and cloud the debate:

■ Politicians and administrators whose judgement is being questioned;
■ The local expert (or "the one-eyed man in the land of the blind");
■ The true expert, quoted out of context;
■ Media freaks.

Concentrating on media outlets or on one of the players just mentioned can be counter-productive. It's much more important – and effective – to get accurate messages out, and to at least give the impression that your organization is in control.

The grid below shows some of the communications signposts that may accompany each stage of a crisis. Clearly, each event will differ – there are crises in which there is no news coverage – but the point to remember is that damaging attention isn't limited to what shows up on the 6 o'clock news.

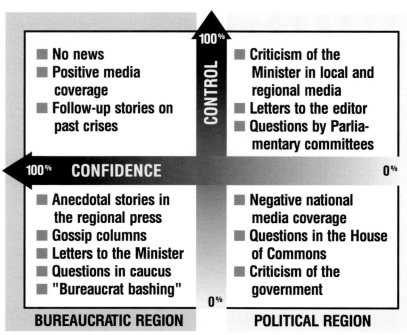

THE STAGES OF A CRISIS

THE DYNAMICS OF A CRISIS

You can also plot the *dynamics* of a crisis on a confidence-and-control grid. Take Star-Kist, for example. Former Deputy Minister for Fisheries and Oceans, Dr. Peter Meyboom, the crisis manager during this episode, describes the way it unfolded:

❝ *In the summer of '85, federal Fisheries inspectors were rejecting increasing quantities of canned tuna from Star-Kist's plant at St. Andrews, New Brunswick. The company made submissions to the newly appointed Minister of Fisheries and Oceans, contending that the testing method – based on smell – was unscientific, and that Star-Kist had been treated unfairly. The new Minister instructed that any detained Star-Kist product be released.*❞

❝ *CTV's W5 became aware of this decision, and aired a program that left Canadians with the impression that unhealthy product had been permitted on the market. In the ensuing Parliamentary debate, public confidence in the Minister and the government's control reached such a low point that the Minister decided to resign in October 1985.*❞

❝ *The next Minister announced measures aimed at regaining both control and public confidence. These included recall of all Star-Kist tuna for further inspection, a review of testing procedures, and a review of Star-Kist's manufacturing practices. Star-Kist decided to suspend all operations at St. Andrews.*❞

❝ *In March 1987, when the unemployment insurance of the Star-Kist workers ran out, the crisis returned briefly to Parliament Hill, when unemployed workers marched on Ottawa. In April 1987, the government reached an agreement with the owners of Star-Kist about the necessary improvements at the St. Andrews plant and a new inspection protocol. In August 1987, the plant at St. Andrews was re-opened.*❞

DYNAMICS OF THE STAR-KIST EPISODE

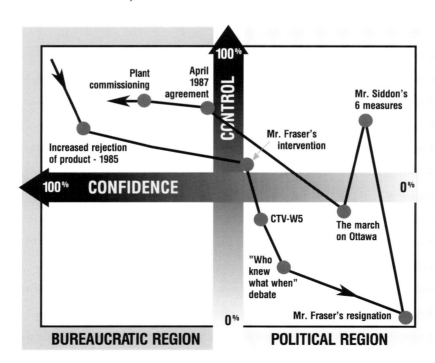

THE STAGES OF A CRISIS

THE HUMAN DIMENSION OF CRISIS MANAGEMENT

- Every crisis starts with the natural human reactions of denial, anger and or fear;
- How the organization handles these emotions determines how the organization deals with the crisis itself;
- The fight or flight syndrome can only be overcome by internal trust;
- With internal mistrust, the stage is set for recrimination, panic and collapse;
- When the climax arrives, the prevailing attitudes should be deliberation, consensus and confidence. The emphasis should be on understanding, on explaining the facts, and on re-directing events.

POST-CRISIS MANAGEMENT

- Rebuild and recover
- Re-establish public confidence
- Repair intergovernmental relations
- Prevent the development of a chronic crisis

One final note: In many cases, your organization will emerge from a crisis noticeably changed. Survival is not a necessary condition of crisis management, but the elements that most often fall by the wayside were, you'll find, probably counter-productive to begin with. If you're well-prepared, even a major crisis may see your group emerge more effective and better-equipped than ever.

The next module – a step-by-step guide to crisis management planning – can help you and your organization make sure that happens.

Step-by-Step Guide to Crisis Management Planning

This module is intended to guide you through the development of a crisis management plan. It outlines seven basic planning stages to be considered in setting out your plan and identifies seven actions your crisis management team could take once a crisis has been declared. Depending on how fast the crisis rolls out, some of these activities will have to happen at the same time.

This section of the manual has been designed partly as a quick reference; the seven planning steps are grouped on a single page, with details on each step listed on the following pages. The same goes for the seven crisis management actions.

The video complement to this segment is designed to prompt ideas. For instance, are there past crises in your department which may not leap to mind, but which could provide you with valuable historical perspective? When it comes to developing a media plan, what kind of media outlets could you consider?

Unlike the two previous segments, we encourage you to go through the print module first, and then watch the video. Both should serve as a reference for you and your colleagues.

PREPARING FOR A CRISIS

1 ANTICIPATE PROBLEMS

- Conduct an audit
- Assess liabilities
- Weigh worst cases
- Find historical similarities
- Identify technical experts

2 DESIGN THE PLAN

- Define crises
- Hierarchical structures
- Policies and procedures
- Crises facilities
- Obligations

3 FORM THE TEAM

- Organize
- Assign tasks
- Train
- Authorize

4 IDENTIFY PARTNERS

- Make arrangements
- Plan integration
- Formalize
- Work with other players
- Think multi-jurisdictional

5 MEDIA PLAN

- Set policy
- Designate a spokesperson
- Identify media
- Prepare Qs&As
- Set up facilities
- Train

6 ESTABLISH SYSTEMS

- Facilities and equipment
- Support
- Back-up
- Test systems

7 EXERCISE THE PLAN

- Plan drills
- Include partners
- Include media
- Test all systems
- Debrief

PREPARING FOR A CRISIS

1. ANTICIPATE PROBLEMS

Conduct an audit of your organization's liabilities, particularly any with the potential to achieve political or institutional interest.

Assess your liabilities: which events have the most potential to become crises? Have your colleagues agree to the ranking and final placement of potential events on your liabilities list.

Since you can't be expected to plan for every possible event, **weigh the worst cases** and limit your concern to, say, the ten highest risks.

Provide your department with **historic examples** of similar events your organization has faced. This will provide focus and awareness of the importance of the impact of such events occurring.

Identify technical experts who will be able to assist your organization if particular events occur. Make the roles and responsibilities of those experts clear.

2. DESIGN THE PLAN

Define a crisis for the people in your organization. It's important for everyone involved to understand the difference between a <u>normal</u> mode of operations, an <u>emergency</u> mode of operations, and a <u>crisis</u> mode of operations.

Develop the **hierarchical elements** of your crisis management structure, particularly those that link regional to headquarters operations. Who will be in charge? For example, who would authorize crisis management operations and the mechanisms involved to move the management of an event from a regional to an HQ operation?

Administrative **policy and procedural changes** will be required to accommodate fast, effective decision-making during the management of a crisis. Prepare the way for those.

What **facilities** will be used to house the crisis management team, and isolate them from "non-crisis" demands? Remember that telecommunications will become of prime importance as the crisis management team collects, confirms and shares issue-related information. You'll also need to plan for back-up equipment and operational support personnel (for the crisis management operation itself, and to take on regular duties).

What about your **obligations** and responsibilities? Does your staff have a clear and concise understanding of the organization's legislative responsibilities and its interdepartmental and/or intergovernmental obligations? Those obligations need to be understood and documented well before any crisis is declared.

PREPARING FOR A CRISIS

3. FORM THE TEAM

Determine the expertise required on the crisis management team, and which skills will be needed on a full-time basis, and which ones in a part-time advisory capacity.

Formalize the job outlines for each member and make sure everyone understands his or her role and responsibilities. Name a position to the team... not a person. Make sure each team member organizes a back-up in case of absence, or in the event that more than one team has to be assembled.

Discuss the **roles and responsibilities** with all team members so no area is missed, and so everyone understands the inter-relatedness of the different roles.

Choose more than one designated spokesperson and more than one crisis coordinator. Having several candidates trained and available will allow your ADM to choose the most suitable person for a given event.

Develop standardized **training** for the crisis management team and the team's technical advisors.

Give team members the **authority** they'll need to get the job done, and get pre-approval for any administrative procedures that have to be adjusted for the management of crisis events.

4. IDENTIFY PARTNERS

What interdepartmental **partners** will you call on for assistance and support during a crisis?

Do they know what's expected of them? Have key players in these organizations been apprised of your crisis management program? Have informal **contacts** been established with them?

Are you aware of your department's **obligations** to government during a crisis?

Establish **links with the Privy Council Office** - Government Operations and Communications Secretariats.

Make sure your crisis management plan and its associated arrangements **integrate** with the plans and arrangements of your partners.

Formalize your arrangements. Make sure you're fully aware of the extent of your **multi-jurisdictional** legislative and regulatory limitations and obligations; international, provincial, municipal, etc. You won't have time to do it once the crisis hits.

PREPARING FOR A CRISIS

5. MEDIA PLAN

 Familiarize yourself with your department's crisis communications strategy and its associated media relations policy.

 Define the hierarchical **links** between regional and HQ offices, especially as they relate to information destined for the public.

 Establish the role and responsibilities of the **designated spokesperson**, and make sure everyone understands the designated spokesperson principle: only one person talks on an issue for the department. This does not exclude other spokespersons near a site, for example, from talking to the media. However, the messages delivered must be later in time than those delivered by the designated spokesperson, and they need to carry the same message and tone.

 Develop an **inventory** of TV, radio and print media for your geographic and/or program area.

 Build a series of **backgrounders** on any particularly sensitive topics within your area. Where established policy is concerned, prepare pre-approved position **statements**.

 Make sure your **facilities** can accommodate the needs of the media, particularly if you are the lead agency.

 Develop a media relations **training** plan for anyone involved with the crisis management team. Spokespersons require regular on-camera training and should be familiar with telephone and radio interviewing techniques.

6. ESTABLISH SYSTEMS

 Arrange for crisis centre **facilities** that can accommodate the crisis management team and its communications or other equipment.

 Most communications **equipment** may seem obvious, but it's often overlooked in the heat of the moment. Arrange for fax machines and lines (incoming and outgoing), 1-800 numbers, cellular phone capability, computer networks, large-capacity conference call networks, telephone line-load control, word processing equipment, recording equipment, etc. Establish back-ups for equipment and facilities… don't forget to test them.

 In addition to regular work-day support staff, you may have to make **personnel** arrangements on a 24-hour, 7-day basis. The most important support assistant to the crisis management team is the **'scribe'**. This person logs every action of the team during the management of the event.

 All systems, facilities and support staff should be **tested** regularly.

PREPARING FOR A CRISIS

7. EXERCISE THE PLAN

Crisis management plans normally include **exercising** the whole plan. Exercises may range from simple table-top drills to full-blown crisis scenario simulations. Whatever form they take, include your key partners and, where possible, your media community.

A crisis management program needs **senior management involvement** and approval to be effective, not least when it comes to drills. What credibility can you expect from colleagues and partners in the simulation of a departmental crisis if the most senior managers delegate their role-playing to junior staff? Adjust the exercise to suit their availability, within reason. Once senior staff recognize the potential career-limiting opportunities that crises often present, they'll probably be more receptive to participating in these practice and learning simulations.

After the exercise, hold a **debriefing** session to determine what worked and what didn't. These sessions are valuable tools in **fine-tuning** the crisis management plan, and **assessing the roles** and responsibilities of key players during real events. Some people simply do not work well in a compressed time frame decision-making environment. This is the time to find out.

ACTIONS DURING A CRISIS

1 ASSESS SITUATION
- Gather information
- Confirm facts
- Determine key actions
- Switch on plan
- Lead agency

2 EXECUTE PLAN
- Form team
- Define crisis event
- Stay ahead
- Be flexible
- Remain calm
- Resources

3 CONTAIN CRISIS
- Get help
- Reduce danger
- Obtain control
- Maintain control
- Be recognized

4 PREPARE FOR MEDIA
- Activate media plan
- Mobilize spokespersons
- National and interdepartmental coordination

5 RESPOND TO MEDIA
- Fact sheets
- Show concern
- Reassure control
- Don't speculate
- Concise and calm

6 AFTER THE CRISIS
- Assess situation
- Keep communicating
- Correct plans
- Evaluate handling
- Changes to plan
- Record of event

7 POST-MORTEM
- Evaluate management of event
- Learn from experience
- Hold debriefing
- Recommend changes

23

ACTIONS DURING A CRISIS

1. ASSESS THE SITUATION

As an event approaches crisis proportions, there will be no shortage of information and, most of the time, there will be conflict between the sources. Determine the credibility of the sources and **confirm the facts.**

Determine the significance of the problem and recognize the dangers and opportunities that the event may provide. Crisis management may be reactive in many ways, but effective management is a collection of anticipatory measures. Reliable information is needed to develop these measures.

Decide whether to switch on the crisis management plan. Remember that once a crisis is declared, the political, institutional and public interest in the incident will almost certainly increase. You have to assess this dimension.

Is your organization clearly the **lead agency**, as outlined in the various legislative or inter-departmental arrangements? If there is any doubt, consult the Privy Council Office - Government Operations. If you're simply supporting a lead agency, it's seldom necessary to execute your organization's crisis management plan.

Be aware of the many **responsibilities and obligations** an organization inherits once it's identified as the government's lead agency for an incident.

2. EXECUTE THE PLAN

Assemble the team. Make sure each member is able to meet his or her commitments to the crisis management team. If not, replace them. Make them aware of the working hours expected of them. And remind team members that a crisis management team is <u>not</u> a democracy; the purpose of the team is <u>not</u> to manage the event by committee, but to provide resource support and advice to the National Crisis Coordinator (NCC), charged with the management of the event.

Clearly **define the crisis event** and make sure the team agrees with the definition: it will be critical in keeping the players focused.

Prearrange information-sharing with colleagues in other departments or interest groups. **Reliable, timely information** sources will allow you to stay ahead of events and address the related institutional issues as they arise.

Often though, events don't unfold as expected. **Remain calm and be flexible** in your actions. Bring all your resources to bear on the incident. In times like these, everyone in government is on your side; use them and the resources they represent.

ACTIONS DURING A CRISIS

3. CONTAIN THE CRISIS

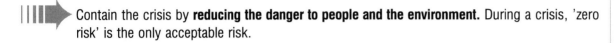

Heroes don't make good crisis managers. Post-mortem results from a wide range of public- and private-sector crises show that one of the main causes of an emergency becoming a full-blown crisis is that the first line manager tries to solve the problem alone, rather than seeking help. Some traditional managers see requesting assistance as a failure on their part. In fact, <u>not seeking</u> **specialized assistance in the case of an escalating event is a failure.**

Contain the crisis by **reducing the danger to people and the environment.** During a crisis, 'zero risk' is the only acceptable risk.

Be seen to be in control... at least of the message. The public must be <u>confident</u> that the organization is in <u>control</u> and that control is sustainable.

4. PREPARE FOR THE MEDIA

The communications advisor will **predict the anticipated media interest** of the event. Based on those recommendations, decide whether full or partial activation of the media plan is necessary.

Select and brief the designated spokesperson. Inform the regional and/or secondary spokesperson of the <u>lines of authority</u> for the development and delivery of event-related messages. <u>A single approval sources is optimal.</u> Clearly establish the rules for delivering event-related messages by support organizations.

As a **lead agency**, you are responsible for the coordination and delivery of the government's message. As a **support agency**, you're responsible for developing your organization's angle on the government's message, and providing it to the lead agency. All individual departmental messages on a crisis event require approval by the lead agency.

Communications advisors have to **anticipate the medias' needs**, and prepare the organization to **provide for those needs.** For example, position statements, presslines, news conferences and presentations by the designated spokesperson at both private and communal interview sessions.

ACTIONS DURING A CRISIS

5. RESPOND TO THE MEDIA

Be prepared. Every message has to be polished and delivered in a **confident and concise manner. Never speculate.** Only items that can be backed up with facts should be discussed with or released to the media. Those position statements and backgrounders that took so much effort to produce and approve when the organization wasn't in a full-blown crisis will become very useful at this time.

Continually strive to **reassure** the media and the public that your organization is in control of the event.

Communications advisors have to **keep abreast of media developments** as the event unfolds. What angles are the media covering? Do the stories and coverage correspond nationally to the regional media position? If not, why not? Is the story worth tracking on all fronts? How many pages per day does the story get?

What do public opinion polls tell you about the **confidence and control** dimension of your organization's management of the event? Remember, if the public is 100% confident that the organization is in 100% control of an issue... there's no crisis.

During this phase of responding to the media, don't forget your **internal communications responsibilities.** A member of the crisis management team should be assigned this responsibility.

Try to **keep your staff informed** of the important aspects of the management effort. They'll need to know who the designated spokesperson and the national crisis coordinator are, and how they can forward enquiries to them. If your own people feel the organization is in control of the event, the job will go that much more smoothly.

6. AFTER THE CRISIS

Switching off a crisis is as important as formally declaring one. It tells others that you consider the depoliticization of the event to be complete, and that the issue no longer requires specialized management attention.

Although the issue may now be of less concern to the organization, it's important to **maintain contact** with the media (and partner agencies).

If yours is the lead agency, you might want to **produce a summary** of the federal actions taken during the crisis – it can serve as a record for your organization, and sent to the PCO, it can also serve as a record for others.

The crisis management team should **evaluate its handling of the event.** If problems arose during the management of the crisis, this is the time to recommend changes to the plan.

ACTIONS DURING A CRISIS

7. POST MORTEM

**Determine the level of post mortem** that should be conducted for a particular event. You could be looking at a cursory evaluation of the management of the event, or at a complete cause-and-effect review.

No matter what level of review is required, experienced crisis managers recommend hiring **outside experts** to perform such reviews.

Determine the goal of the post-mortem. Is it to analyze your organization's management of the event, of the messages, or of interdepartmental cooperation... or is it to investigate the cause of the incident, its effects on the community, and to recommend legislative or regulatory adjustments to limit such incidents from re-occurring?

Include your partner organizations in such reviews. They're often good sources of information. Pay particular attention to the lack or limits of interagency cooperative arrangements during an event. There will almost always be room for improvement in those areas.

CRISIS ORGANIZATION STRUCTURE

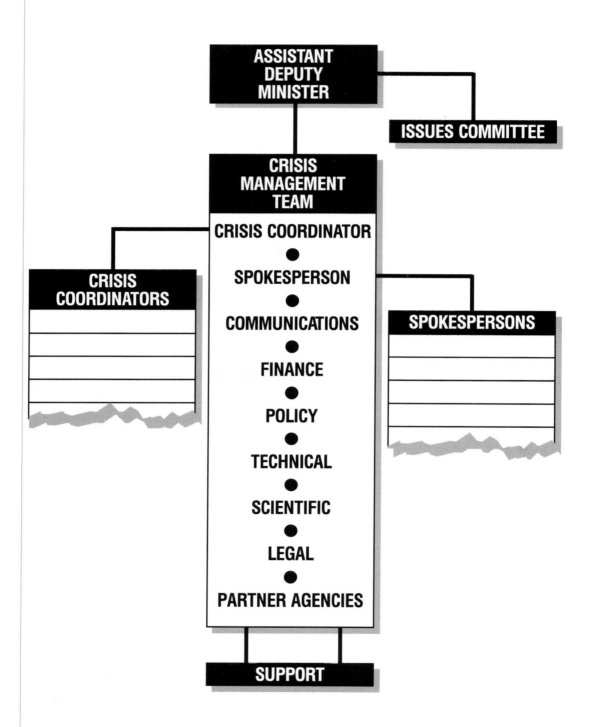

4

Crisis Communications

Crisis communications – interactions with the audiences affected by a crisis – pervades every aspect of crisis management. Getting the right message out fast is essential to defusing an incident, building public confidence, and maintaining your department's credibility.

Many people believe that crisis communications is mostly about "handling the media". Nothing could be farther from the truth. Media relations is just one component of crisis communications. To manage crisis communications well, you need to know how to manage information, you need to know what strategies a crisis communications plan should involve, and you need to know how to mobilize government machinery to support your efforts. This module is intended to explain these things, and to serve as a guide for your own crisis communications plans and activities.

Crisis communications has two main goals:
- To manage information about a crisis so it's a stabilizing force;
- To depoliticize the crisis; in this context, by making sure communication about the crisis doesn't become an issue in itself.

❝There was no planning for crisis communication. Nobody knew what to do. As soon as the thing came off the rails, there was an absolute panic."

❝We had a designated spokesperson, all prepared, well briefed. But nobody had ascertained whether or not this individual could speak French colloquially. As it happened, his French was kind of shaky, he got in front of the press, he was misquoted, and the whole thing blew up in our faces."

❝Many of our people didn't understand the lead agency situation. There was just no coordination as to just how we were going to be able to get the proper things out... it was total chaos."

HOW CRISIS COMMUNICATIONS FITS INTO CRISIS MANAGEMENT

In Module 3, we looked at the prototype of an organizational structure for effective crisis management.

SAMPLE CHART

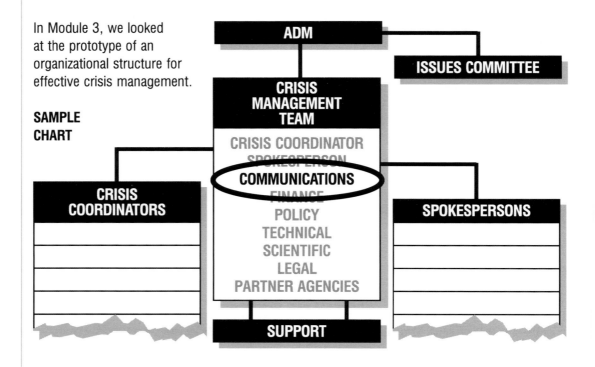

CRISIS COMMUNICATIONS TEAM

Like other functions on the team, communications is represented by one advisor. He or she is responsible for planning the communications strategy and for supervising the flow of information to your various publics and the media, as well as internally or to other departments or levels of government which may be involved. The advisor is supported by a trained communications team, responsible for providing, receiving and analyzing information. A typical crisis communications team could include specialists with the following responsibilities:

■ Communications advisor to crisis management team;
■ Media relations;
■ Media tracking, analysis and public opinion;
■ Designated spokesperson support;
■ Public information/consultations;
■ Briefings support;
■ Policy and position development.

It is this crisis communications team that satisfies your public's communications needs, crafts messages for Ministers and your public, supports the designated spokesperson, handles media analysis, and so on. The better prepared your team is, the faster you can start to stabilize and depoliticize the crisis.

To summarize, the role of the Crisis Communications team is to:
■ **Provide** ⎫
■ **Receive** ⎬ **INFORMATION**
■ **Analyze** ⎭

CRISIS COMMUNICATIONS PLANNING

The scope of most crises means that communications can become complex <u>and</u> unusually loaded with implications for your department. Keeping on top of things can be next to impossible without some kind of guideline. This is where a *Crisis Communications Plan* comes in; it will give you the strategic and tactical guidance you need before, during and after a crisis. Your crisis communications plan should parallel and support the overall crisis management plan. It should be developed with the crisis management team, and agreed to by all major players.

A well-developed crisis communications plan should:
- Define response strategies that can be implemented when a crisis occurs;
- Assign crisis communications resources and responsibilities;
- Outline techniques for defining target audiences and messages; and
- Enable crisis communications managers to launch public information and media relations campaigns during a crisis.

Crisis communications will be most effective if every major level of your department develops its own plan, tied in to the departmental plan. A department-wide commitment to crisis communications planning means all potential crisis participants will have the same terms of reference, and the same reflexes.

The four typical elements of crisis communications planning

A good crisis communications plan is built around four basic elements:
❶ Strategy;
❷ Audiences;
❸ Designated spokespersons (the message);
❹ Media relations.

❶ STRATEGY:

When a crisis hits, time compresses. You may have only a few hours – or less – to respond to a deluge of requests for the government's position, for more information, for answers about what's being done.

➤ Your public's perception of the government's control of the situation (remember Module 2?) will hinge on communication. You need to be proactive and <u>fast</u>. That means compressing approval stages and cutting through normal procedural red tape.

➤ Strategic planning involves anticipation. Begin by "forecasting" potential crises. Information can be gathered from technical and scientific experts, regional personnel, operations and communications managers, parliamentary sources, interest groups, the news media, polls, and available literature. Your crisis communications plan should include a list of crises you might potentially face (this will be a dynamic process... as unanticipated crises hit, add them to the list).

CRISIS COMMUNICATIONS PLANNING

Then take at look at past crises and how they were handled. Here, your sources include situation reports, crisis audits and post-mortems, historical studies, liability assessments, and the production of "worst-case" scenarios. Incorporate the experience garnered from the management of past crises into your plan, and update as new experience warrants.

Your crisis communications plan should clearly set out your organization's policies, procedures and obligations. It should also outline a hierarchical reporting framework, with sign-off authority stated, keeping in mind the necessity for speeding up the flow of approvals and information.

The plan should specifically describe the crisis communications team. Review the expertise available, identify key roles and assign responsibilities. As much as possible, you should identify the specific individuals who will be fulfilling these roles, and provide contact numbers where they can be reached. Backup personnel should also be identified. You will need extra bodies; arrange for the mechanisms to bring them in.

Your crisis communications plan should recognize and "institutionalize" the principle of the *designated spokesperson*; you should identify primary and alternate spokespersons and make sure they are onboard and available, with relevant contact information (the designated spokesperson principle is discussed in greater detail below).

Your partners – your strategic alliances – are critical. Governmental and non-governmental partners are your allies. You should have a resource network in place and identified in your plan. Each Region and Service should identify its potential crisis communications partners and integrate them into the planning process.

On a practical note, make sure your plan covers "infrastructure": the equipment and facilities you'll need, such as telephones, fax lines, a media briefing room, necessary support and back-up systems, etc. Be realistic in estimating what will be required, and pre-plan so you won't be caught without resources.

Make sure your plan includes media monitoring and public opinion tracking. Analyzing public opinion and the media's reporting of a crisis helps assess the effectiveness of your communications efforts, and aids in strategic positioning and the development of new communications products.

Finally, don't rest on your laurels... test your plan. Establish a training program to ensure that managers are qualified to perform their duties during a crisis. Then, conduct drills to test your crisis communications system. Exercises should be conducted across multiple Regions and Services, and senior crisis communications managers should share the results of the exercises. Establish performance standards and targets based on the exercises, or revise the plan as necessary.

CRISIS COMMUNICATIONS PLANNING

② AUDIENCES:

Knowing your audiences is critical. The media will almost always be one of them, but it's certainly not the only one, and it may not even be the most important. You should identify all potential audiences in your crisis communications plan. These might include the general public, lobby or special interest groups, scientific communities, the technical press, and so on. Set up networks and develop contact lists now – so you won't be floundering when a crisis hits. Prepare for their anticipated information needs so that you can be proactive rather than reactive in opening up communications channels.

Of particular importance is your internal audience and your partner organizations. Governmental and non-governmental partners can be valuable allies. During a crisis, partners can direct joint communications activities at mutual target audiences. Pay particular attention to their concerns and agendas. Above all, make sure they're consulted, kept informed and included in the crisis management process. Again, if you've established networks before the crisis hits, this process will be much easier.

A key role of the crisis communications team is preparing government positions, as well as the Qs&As for Question Period. Ministers and other politicians are often your most immediate audience. It's your responsibility to understand what they expect.

Finally, a word about an internal audience often overlooked – your own staff. When a crisis hits, there's a tendency to hunker down. Don't leave your own staff out of the loop – to do so is to encourage speculation and rumours. Make sure they are kept informed so that they can support the crisis management effort and contribute to the stabilization of the event.

To summarize:
- **Identify all potential audiences – internal and external;**
- **Analyze their anticipated information requirements;**
- **Develop contact lists and networks so you can be proactive, not reactive;**
- **Keep your own staff informed.**

③ THE DESIGNATED SPOKESPERSON:

Under the direction of the crisis management team leader, the designated spokesperson is responsible for:
- Providing any <u>verbal</u> information to the media and the public; and
- Briefing senior departmental management, including the Minister.

The principle:

The concept of the designated spokesperson is absolutely critical to crisis communications. Bluntly put, the person you put out front can make or break you. Their actions and reactions in informing the news media will largely define both the content and the context of news coverage, and so, the public's perception of your organization. Using only designated spokespersons ensures that a consistent message is being delivered to your external audiences. For this reason, <u>only</u> designated spokespersons should speak to the media during a crisis.

33

CRISIS COMMUNICATIONS PLANNING

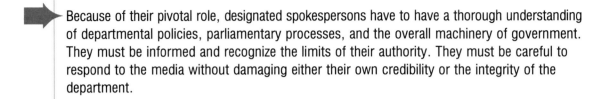

Because of their pivotal role, designated spokespersons have to have a thorough understanding of departmental policies, parliamentary processes, and the overall machinery of government. They must be informed and recognize the limits of their authority. They must be careful to respond to the media without damaging either their own credibility or the integrity of the department.

Generally, there should be more than one designated spokesperson appointed. One person cannot be expected to handle all of the workload that an ongoing crisis will engender. Each crisis management team should pick several spokespersons in advance, and make sure they have access to training and crisis simulations soon after they're named. The designated spokesperson reports to either the Regional or Headquarters crisis management team leader, depending on the level of the event.

Qualifications:

What does it take to be a designated spokesperson? First, in the context of this course, they <u>must</u> be fluent in both official languages. If they're not, appoint alternates who are fluent in the other official language.

Your designated spokespersons should possess the qualifications necessary to speak with authority and to provide background for the many reporters who won't understand the underlying elements of the story. They should understand that being a designated spokesperson means giving up personal and professional privacy for the duration of the crisis. They will become public figures, inexorably linked by the media with the news event itself. For this reason, nobody should be forced to take the job.

A designated spokesperson must remain unflappable in a pressure-packed media environment. They must be able to communicate precisely and clearly, answering any question – no matter how inane – in a calm, lucid, interesting manner. They should come across as confident, relaxed and sincere about what they are saying. A good designated spokesperson is consistently truthful and open – and ideally, has a sense of humour.

Role:

Being a spokesperson goes way beyond media contact; your designated spokesperson connects you to your public. By speaking for the participants in a crisis, the spokesperson frees them to focus on managing the crisis.

Your designated spokesperson is part of your crisis management team. He or she must be aware of important or sensitive issues – both within the crisis and beyond, in your larger policy and program areas. One of your spokesperson's essential functions is to weigh the potential impact of the crisis management team's decisions on the perceptions of your publics.

The spokesperson is responsible for maintaining a level of disclosure that is acceptable to both sides. This can be tough in the face of constant media questioning. To combat this, many spokespersons use a "mantra" – a pre-planned response used to deflect questions they don't want to answer. The mantra must, of course, be developed in consultation with the crisis management and crisis communications teams.

CRISIS COMMUNICATIONS PLANNING

 Designated spokespersons also have to know as much as possible about the coverage of a crisis so they can correct errors and inaccuracies in reporting, and anticipate what reporters are likely to ask during question-and-answer sessions. If a story is not accurate, they must set the record straight, without naming the offending news organization.

66_More than anything else, the designated spokesperson has to have your trust. Is he respected by other members of your crisis management team, so he can take the actions he believes appropriate in responding to the media? If you don't have confidence in the person who would be your designated spokesperson, you'd better make a change."_
                          ...Robert Irvine, President,
                   Institute for Crisis Management, Louisville (Kentucky)

4 MEDIA RELATIONS:

People often get the impression that crisis communications revolves around media relations... often referred to as "handling the media".

First, let's get one thing straight – media relations is not about "handling" the media; it's about <u>working</u> with the media. In the pressure-cooker environment of a crisis, your relationship with the media, your ability to respond quickly and effectively to their requests, will directly affect the way the story gets reported and consequently, the way your various publics form their perceptions about how the crisis is being managed.

Entire books have been written about effective media relations; a complete discussion of the subject is outside the scope of this course. What follows are some guidelines to help you prepare for, and navigate, this complex subject area.

Establish a network:

Before you get started, do an inventory of the media community. Develop a media contact list, with phone and fax numbers, for all news organizations likely to cover the event. When a crisis hits, you need to be able to contact key media people quickly; if they already know you, the process will be more effective. Update the list continually.

Media requirements:

Think about what the media want. Reporters are trained to ask: Who, What, Where, When, Why and How. Try to anticipate the least-expected as well as the most-expected questions. Remember, the media are not the real audience... the public is. Consider how the media will present the interview to the public.

These are some of the questions reporters ask:
- What happened? Where? When?
- Are there any injuries or deaths? How many and to whom?
- Don't you have mechanisms in place to prevent this sort of situation?
- What actions are you taking to control the situation?
- How much money is this going to cost? And who'll pay?
- Has this happened elsewhere or before? Why weren't you ready?

CRISIS COMMUNICATIONS PLANNING

...and so on. You can – and should – anticipate all possible questions you will be facing, and prepare answers in conjunction with your designated spokespersons.

Working with the media:

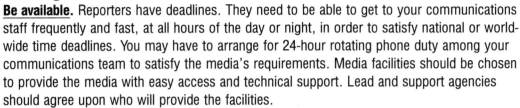**Be available.** Reporters have deadlines. They need to be able to get to your communications staff frequently and fast, at all hours of the day or night, in order to satisfy national or world-wide time deadlines. You may have to arrange for 24-hour rotating phone duty among your communications team to satisfy the media's requirements. Media facilities should be chosen to provide the media with easy access and technical support. Lead and support agencies should agree upon who will provide the facilities.

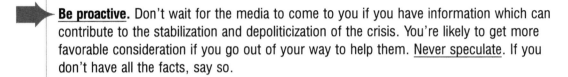**Be proactive.** Don't wait for the media to come to you if you have information which can contribute to the stabilization and depoliticization of the crisis. You're likely to get more favorable consideration if you go out of your way to help them. Never speculate. If you don't have all the facts, say so.

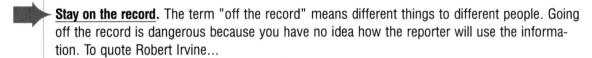**Stay on the record.** The term "off the record" means different things to different people. Going off the record is dangerous because you have no idea how the reporter will use the information. To quote Robert Irvine...

❝No matter what you call being an anonymous source, it's dangerous and invariably will cause harm to somebody or the organization... because, people don't go 'off the record' if they have something positive to say to a reporter."

Understand that reporters are trained to be skeptical. The questions they ask are legitimate, and it is the responsibility of the crisis communications team and the designated spokesperson to be truthful and consistent in answering them.

❝When it comes time to explain, say, a disaster at sea, I'd go to the public servant to ask what happened... where, when, and how. I'd go to the politician to ask why, and what's going to be done about it."
   ...Kirk LaPointe,
   Ottawa Bureau Chief, Canadian Press

CRISIS COMMUNICATIONS PLANNING

Delivering the message:
You have an array of communication tools at your disposal;
all play a part in delivering your message.

Presslines: Presslines present the department's position on a developing crisis and are the first official response statement. Before going out, they must be checked for:
- factual accuracy, by the national crisis management team program specialist, as appropriate;
- style, message and departmental positioning, by the crisis management team Communications Advisor; and
- government position, by the Privy Council Office (Communications Secretariat).

News releases: These are fully elaborated official statements that present new developments. They need to be written in journalistic style to facilitate their use by the media. News releases can be written by communications teams at all levels, but Regional releases should be forwarded to the crisis management team Headquarters for input. News releases need to be approved by the crisis management team, the Director-General, Communications, and the Minister's office, prior to release.

Press conferences: Press conferences permit designated spokespersons to deliver the same message to all the media at the same time. The decision to hold a press conference should be made in conjunction with the crisis management team. Representatives of both the Regional and Headquarters crisis communications teams should assist with press conferences.

Media interviews: Interviews can be requested by the media, or suggested by the crisis communications team. They're useful tools for damage and rumour control. They also help build media support, and give crisis management teams opportunities to provide leadership in the media's handling of the crisis.

Media kits: Media kits include news releases, backgrounders, fact sheets, and speeches packaged for use by the media. They are distributed at press conferences and interviews and list key contacts on the crisis communications team. Media kits, press conference material, and other material can be repackaged for use during on-site tours and for responding to special information requests. Stock footage and other visual aids may be added from other sources.

One last note about crisis communications... all members of crisis communications teams should have media relations and public information training. There are currently several courses available through various departments. Contact the office of the Director-General, Communications, of your department to find out what's available in your area.

RESPONDING TO A CRISIS

STEP 1 **Assess the situation; define communications problems and goals:**
- ❏ Gather information:
    - ❏ Record information requests from media, public and OGDs;
    - ❏ Identify potential hazards and response requirements;
    - ❏ Analyze possible communications vulnerabilities;
    - ❏ Review information and fill information gaps;
    - ❏ Confirm facts;
- ❏ Define the crisis event;
- ❏ Alert those who need to know;
- ❏ Activate and adjust communications plan;
- ❏ Determine key actions;
- ❏ Review communications capabilities and define additional needs.

STEP 2 **Form the communications team and assign responsibilities:**
- ❏ Contact Regional/Service communications teams as appropriate to the level of crisis;
- ❏ Confirm the lead agency (the lead agency will present the government position; support agencies will present the OGD positions);
- ❏ Contact the designated spokespersons;
- ❏ Determine who will draft the event-specific communications plan;
- ❏ Delegate internal communications and decision-making roles;
- ❏ Identify support resources – policy and technical experts, strategic analysts, media relations experts, etc.;
- ❏ Contact OGD communications teams as appropriate.

STEP 3 **Assess target audiences:**
- ❏ Analyze information requests;
- ❏ List potential audiences;
- ❏ Distinguish audience types: directly/indirectly affected; potentially supportive / hostile;
- ❏ List groups according to audience type and identify their concerns and positions;
- ❏ Identify specific target audiences and rank them by importance;
- ❏ Review available public opinion research;
- ❏ Prepare target-audience contact lists.

STEP 4 **Develop messages and vehicles:**
- ❏ Develop and target overall themes and messages;
- ❏ Determine appropriate vehicles for delivering messages;
- ❏ Obtain OGD partner agreement on the messages and vehicles chosen;
- ❏ Obtain necessary approvals before releasing messages;
- ❏ In preparing themes and messages:
    - ❏ Clearly state the level of the emergency; avoid over- or understatement;
    - ❏ Don't assign blame; avoid positions that have legal implications;
    - ❏ Briefly and confidently explain as much of the situation as possible;

RESPONDING TO A CRISIS

- ❏ Let public and media interest determine the amount of information provided. Facilitate media activity if interest is high, but don't encourage media activity if interest is low;
- ❏ Consider the possible impacts of information being shared among audiences and that information may come from other sources;
- ❏ Be compassionate but not apologetic; do not lament the loss of pre-crisis conditions;
- ❏ Counsel prevention of future occurrences if appropriate;
- ❏ Acknowledge good work and effort;
- ❏ Don't dwell on past successes;
- ❏ Highlight future opportunities.

STEP 5 ## Respond to news media:
- ❏ Review response strategies… media and communications plans;
- ❏ Distribute presslines;
- ❏ Record and assist with media inquiries;
- ❏ Prepare media contact lists… consider local, national, and international media;
- ❏ Distribute news releases, fact sheets, Qs&As, and media kits;
- ❏ Prepare for media conferences and on-site interviews;
- ❏ Prepare and assist designated spokespersons;
- ❏ Rehearse to ensure spokespersons' knowledge, clarity, credibility, and quotability;
- ❏ Review spokespersons' itineraries;
- ❏ Attend and assist at spokesperson presentations, briefings, conference calls, interviews, etc.;
- ❏ Follow up on all ministerial and media contacts and requests.

STEP 6 ## Review and adjust themes and messages:
- ❏ Analyze media coverage and public reaction;
- ❏ Check communications effectiveness, as perceived by partners in your and other departments;
- ❏ Review efforts against the original crisis assessment and its resulting event-specific communications plan;
- ❏ Refine and redevelop themes and messages if necessary.

STEP 7 ## Document and review:
- ❏ Record events;
- ❏ Evaluate communications team's performance;
- ❏ Compare results with communications partners;
- ❏ Determine the need for follow-up communications activities and products;
- ❏ Modify original response strategies and communications plans as necessary
- ❏ Review contact lists;
- ❏ Thank all involved for their assistance.

CONCLUSION

Successful crisis communications are based on a combination of advance planning, training, common-sense procedures, and the ability to make sound judgements quickly in complex circumstances. The ability of your department's communications staff to combine these skills is vital to maintaining public accountability and to the smooth functioning of government during a crisis.

This module has been intended to assist departments to move towards the same level of crisis communications readiness. The points presented here have been meant to serve as a starting point for managers involved in crisis communications. Keep in mind that crisis communications managers should be: alert, clear, consistent, cooperative, factual, honest, impartial, proactive, timely, and visible.

Crisis communications is complex. There are multiple layers of organization to consider... sometimes masses of information – technical or political – to control and disseminate. And most of you already know how hard it can be to work with the media under this kind of pressure. But effective crisis communication is manageable.

 And, if you're ready for it, how you communicate during a crisis can actually turn chaos into capital.

Putting it all Together

What follows is a transcript of the Module 5 video component of the program, in which a dramatic re-creation of a crisis shows how the components of crisis management and crisis communications come together in "real life".

We suggest that you watch the video first. This printed transcript is intended as a reference, and a reminder of the steps involved in managing a crisis. The story...

02:47 DAY ONE ...SOMEWHERE IN THE GULF OF ST. LAWRENCE

...a ship emerges from the darkness, moving slowly and quietly, its running lights dimmed. From its starboard side, crewmen begin dumping barrels into the water. ...unnoticed by the mystery ship, an inflatable boat speeds towards the site. Its crew are wearing "Planetwatch" caps. As they manoeuvre close to the barrels, one crewmember begins videotaping the scene. The mystery ship disappears into the night.

06:00 DAY ONE ...A NEARBY CANADIAN COAST GUARD OPERATION CENTRE

...John Hopkins, the morning's Duty Officer, receives a call: *"My name's Dave Martin, with the environmental group Planetwatch. I'd like to inform you that we've been out doing your job for you. We've just witnessed a vessel dumping toxic waste over the site of the Oilcor Eagle. We have video footage to prove it, and we're going to the media with it."*
...putting down the phone, John Hopkins immediately contacts his Regional Headquarters. It is decided that an on-site inspection is required, and officials from the Coast Guard and Environment Canada are dispatched to the site.

07:15 DAY ONE ...ON BOARD A COAST GUARD VESSEL

The inspection team is conferring with the ship's captain, as well as a diver who has returned from examining the site. They learn that about 100 barrels have been found, pretty much on top of the wreck of the *Oilcor Eagle*, an oil barge that sank, fully loaded, about 17 years before. Some of the barrels are quite rusty. All are marked in some way; either with a series of numbers, or with the stencil "Pickle Liquor". Preliminary tests of the barrels contents show that they contain an acidic solution of some sort.

PUTTING IT ALL TOGETHER

08:05 DAY ONE ...COAST GUARD HEADQUARTERS, OTTAWA

...Jacques Savard, Director of the Coast Guard's Corporate Crisis Management Branch, takes an urgent call...

EXERCISE #1

Jacques Savard has just been informed of the illegal dumping of toxic chemicals in Canadian waters. Initial investigation suggests that this may have been going on for some time. The environmental activist group Planetwatch has videotaped the dumping, and is going to the media with the tape.

What should he do next?

08:30 DAY ONE ...OTTAWA

Jacques Savard has arranged an immediate conference call because of the "crisis potential" of the situation. Participating in the call are the on-site people from the Laurentian Region of the Canadian Coast Guard, the Crisis Management Secretariat of the Privy Council Office, the Office of the Assistant Deputy Minister of Environment Canada, and Jacques' Corporate Crisis Management Branch, Canadian Coast Guard. Because of the proximity of the dump site to a provincial park, a wildlife reserve and a new federal marine park, it's decided that Provincial and National Parks colleagues, as well as Emergency Preparedness Canada, be informed. Apparently, local Atlantic media are already reporting the dumping. It seems likely that this will escalate.

The first order of the day is to determine the lead agency.

Clair Martin of the Privy Council Office makes a recommendation: *"There are a lot of unanswered questions here. This is not a clear ship-source pollution incident. In my mind it should be treated as a mystery spill, and as a mystery spill, under existing agreements, I suggest to you all that Environment Canada take the federal lead on this, at least until the environmental hazards are determined and cleaned up."*

- ■ Start taking action
- ■ Gather information
- ■ Inform other players
- ■ Determine lead agency
- ■ Confirm your role
- ■ Switch on your plan

Environment Canada turns on its crisis management plan, and informs all the involved partners that it will be the lead agency. These partners include Health, Emergency Preparedness Canada, Canadian Parks Service, DIAND, and DND which will provide logistic support.

PUTTING IT ALL TOGETHER

...ENVIRONMENT CANADA'S CRISIS OPERATIONS ROOM, HULL

...The ADM introduces Paul Cuillerier as the National Crisis Coordinator and hands off the meeting to him. Paul introduces the team.

EXERCISE #2:

> The meeting is interrupted by a secretary with a message for Lynn Adams (the communications advisor). A CBC reporter is on the line, asking for confirmation of the dumping incident as well as the government's initial comments.
> Should Lynn take the call?

And if she does, how should she handle it?

> Assemble the team and
> assign responsibilities:
> - **Crisis Coordination**
> - **Communications**
> - **Spokesperson**
> - **Legal**
> - **Finance**
> - **Science/technical**
> - **Policy**
> - **Scribe**
> - **Partners:**
>   **Fisheries and Oceans**
>   **Canadian Coast Guard**

Lynn takes the call. She acknowledges that the incident occurred and states what is known clearly and directly: a federal government response team is on-site assessing the situation. Data is coming in, and a complete statement will follow. She says she cannot comment without a more complete picture: *"We'll have a pressline out by 2:00pm and a designated spokesperson will be available by 5:00pm."*

- **Be available**
- **Don't speculate**
- **Explain the facts**
- **Assure control**

...CRISIS OPERATIONS ROOM

The crisis management team is watching the noon news on TV.
...excerpt from news broadcast:
NEWS REPORTER: *"...according to Planetwatch, unscrupulous shipowners have been dumping toxic cargos here for some time."*

PLANETWATCH REPRESENTATIVE: *"The federal government has not been enforcing its own regulations. The Oilcor Eagle has been leaking oil for over 17 years, and absolutely nothing's been done about it. The government just pretends that the problem isn't there. Meanwhile, other people have been coming in and dumping their toxic waste on top of it."*

NEWS REPORTER: *"...a source in Environment Canada has confirmed that a federal emergency response team is at the site, evaluating the situation. A statement is expected later today. We'll be following this story as it develops."*

PUTTING IT ALL TOGETHER

Clearly, the situation is escalating. With only two hours to question period, it's critical that a series of Qs&As be prepared. Lynn Adams leaves the crisis management team meeting to spearhead the communications effort. Working with her crisis communications group, she prepares a pressline, and asks that it be distributed to all the partners for feedback and approval by 1pm.

Back in the crisis operations room, the team defines the crisis to be managed. Its task is to:

Mobilize federal assets in order to:
- **determine what occurred;**
- **clean up the dump site, and;**
- **recover lost confidence.**

Additional information has come in. Reports from Environment Canada's on-site response team confirm that about 1/4 of the barrels are rusted and appear to be leaking. Since, in sea water, it takes about 15 years for rust to develop on these barrels, dumping may have been going on for some time (as Planetwatch has alleged). Local health authorities are temporarily closing public beaches at the Provincial Park until more is known about the extent of the contamination and the risk to human health.

EXERCISE #3:

The government's environmental policy has been under attack recently, and this incident is likely to provoke questions in today's Question Period. Yet at this point, not very much is known about the situation.

What should the Government's initial position be?

14:12 DAY ONE

...QUESTION PERIOD, OTTAWA

EXCERPT FROM MP'S QUESTION: *"Mr. Speaker, will the Minister of the Environment or the Minister of Transport comment about the allegations that chemicals are being dumped in Canadian waters, and that this has been going on for 15 years without Government action? Can either Minister assure the Canadian public that this government is acting?"*

EXCERPT FROM THE MINISTER'S ANSWER: *"Mr. Speaker, I can assure the Honourable Member that response teams from Environment Canada, the Coast Guard and the Department of National Defence have been at the site since early this morning. They have confirmed that there <u>has been</u> an illegal dumping, and that some contamination is present. I have directed them to conduct a full investigation, but at this time, it is too early to speculate about the allegation that this has been going on for 15 years."*

- **Don't stonewall**
- **Acknowledge event occurred**
- **Explain further steps to be taken**
- **Assure confidence and control**

PUTTING IT ALL TOGETHER

15:50 DAY ONE ...CRISIS OPERATIONS ROOM, OTTAWA

The suspected ship *Maxima* has been traced to "Global Waste Management", an offshore company that specializes in the disposal of toxic waste. The company's record is shaky. It is alleged that it transports these waste products to dump sites in 3rd world countries. Global Waste Management's activities in Canada are limited. It does most of its business with American companies. Attempts are underway to identify and trace the company's clients in order to find out what the ship might have been carrying.

At Paul's request, Lynn provides an update on the media coverage to date:
LYNN: ***"Radio stations in the Maritimes and in eastern Quebec are covering the story already. CBC Newsworld is carrying briefer reports, but it looks like the story will go national at 6 o'clock."***
PAUL: ***"Are you preparing a response?"***
LYNN: ***"We have a pressline and a statement being prepared right now, and of course, Daniel Couture, our designated spokesperson, will be interviewed on the 6 o'clock news."***

Daniel asks Lynn about the likely angle Planetwatch will try to place on the situation.
LYNN: ***"I've prepared a dossier on Planetwatch for you to consult. Planetwatch has been after Global Waste Management for some time... it's highly likely that they'll exaggerate to attract the greatest amount of media coverage."***

In the meantime, the regional response group has reported back with cost estimates for the clean-up. Projected expenditures for site clean-up, testing, equipment and the establishment of an on-site laboratory capability are in the $1 million range.
...Paul asks the finance advisor on the team to contact her colleagues at Treasury Board Secretariat to secure the funds as quickly as possible.

16:45 DAY ONE ...OTTAWA

Daniel Couture, the team's designated spokesperson, is about to give a TV interview.

EXERCISE #4:

Daniel Couture, a Director-General in the Environmental Protection Service, has been Environment Canada's designated spokesperson on several recent crises.

What are the attributes that make an ideal spokesperson?

EXCERPT FROM DANIEL'S INTERVIEW, FRENCH NEWS CHANNEL: ***"Je peux assurer la population canadienne qu'il n'y a absolument aucun danger pour la santé des gens. Il y a très peu de matières. On a trouvé qu'un peu de matières qui ont été relachées par les barils en question, mais à l'état de traces seulement."***

PUTTING IT ALL TOGETHER

EXCERPT FROM DANIEL'S INTERVIEW, ENGLISH NEWS CHANNEL: *"Canadian Armed Forces divers have been monitoring the wreck for the Coast Guard. We have footage of the wreck over many years, and there has never been a barrel there. I don't know where Planetwatch obtained its information."*

> **The designated spokesperson should be:**
> ☐ **Bilingual;**
> ☐ **Senior enough to be credible;**
> ☐ **Knowledgeable about policy on related issues;**
> ☐ **Articulate, patient... and thick skinned!**

CONTINUATION OF ENGLISH TV NEWS REPORT:
VOICE OF REPORTER: *"But despite the government's assurance that the situation is under control, the people who live near the dump site are still worried."*

A LOCAL MOTHER: *"My kids used to play on that beach... I mean, how do I know they haven't been exposed to some kind of fatal poison? Now, they've closed it. There had to have been something really wrong. Everybody's really worried."*

19:40 DAY ONE ...CRISIS OPERATIONS ROOM

David Thornton, the teams science advisor, reports on the contents of the barrels: *"Based on the Planetwatch video, it appears that there are two types of waste involved. In the new barrels there's a common industrial chemical known as "pickle liquor", which is ferric chloride dissolved in hydrochloric acid. The older barrels are marked with a number, "NA9389", which means the contents are acid lead smelter dust."*

Investigation into the source of the chemicals has revealed that the acid lead smelter dust found in the rusted barrels might have come from an abandoned industrial plant site in Ontario that was cleaned up last year. The company in charge of the cleanup hired Global Waste Management to dispose of the site contaminants.

Information has also come in from the RCMP, which has been assisting the team. Apparently, the Hamilton Harbour Commission has confirmed that the ship *Maxima* was loaded with over a hundred barrels of acid lead smelter dust on June 26th. Also on the ship's manifest were 26 barrels of ferric chloride, loaded legally from a disposal company in New York state.

Paul asks Lynn Adams for an update on the media coverage.
LYNN: *"Right now, interest in the incident is increasing moment by moment. There will be reports on tonight's national news shows from Radio-Canada, le Point and CBC Prime Time. Also, all the local news shows are reporting the story, with local Atlantic stations doing a lot of in-depth coverage. Tomorrow morning, the major networks have asked for a joint interview with a government representative as well as Planetwatch's spokesperson."*

PUTTING IT ALL TOGETHER

EXERCISE #5:

With the increasing media attention, communications has become critical. Now, new information regarding the potential source of part of the contaminants has come in.

On what should Lynn's communications team be focusing?

23:15 DAY ONE ...COMMUNICATIONS OPERATIONS ROOM, OTTAWA

...Lynn is working with her team to complete a revised pressline, and get feedback and approval from all partners as soon as possible, in order to make the morning news deadlines. ...she also goes over the key talking points for next morning's interview, so that Daniel will be prepared.

- ■ **Ensure partners' agreement**
- ■ **Only release confirmed facts**
- ■ **Anticipate likely questions**
- ■ **Continually reassure control**
- ■ **Prepare in advance**
- ■ **Rehearse... rehearse... rehearse!**

That evening, Daniel will go over all the anticipated questions, and rehearse his answers, working with a partner who can play "devil's advocate".

THE NEXT DAY

09:30 DAY TWO ...CRISIS OPERATIONS ROOM, OTTAWA

The whole crisis management team has assembled for an update and progress report. At the flip chart, Lynn Adams presents an analysis of the media coverage. ***"As you can see, there's been a clear improvement in the coverage. I think it's just possible to say that we've turned the corner."***

But despite the more positive tone of the coverage, there are bound to be more questions in the House that day. Lynn's team will focus on preparing a series of strong Qs&As, incorporating all the new information that's come in to ensure that the Minister is in a more favourable position. ...she tells her team to focus on the fact that ***"this is an isolated incident."***

47

PUTTING IT ALL TOGETHER

EXCERPT FROM EVENING NETWORK NEWS SHOW:
REPORTERS VOICE: *"Today, the Environment Minister confirmed that barrels of chemicals recovered from the Oilcor Eagle wreck site were dumped there two nights ago, and were not, as environmental watchdog group Planetwatch had alleged, the result of a long-term program of illegal dumping over the Eagle site."*

"The Environment Minister is convinced that this has been an isolated incident. Environment Canada, with the assistance of the Coast Guard and Canadian Forces divers, will complete the clean-up within 48 hours. The government will be working in co-operation with the appropriate judicial authorities to bring the owners of the waste management company to trial."

We're going to leave our hypothetical crisis here, with the situation pretty much under control. Take a moment to think about the crisis you'just observed. As crises go, this scenario was fairly straightforward. But look at the number of groups involved in containing and depoliticizing it:

- ✔ Canadian Coast Guard
- ✔ Environment Canada
- ✔ Privy Council Office
- ✔ Treasury Board Secretariat
- ✔ Fisheries and Oceans Canada
- ✔ Heritage-Parks Canada
- ✔ Health Canada
- ✔ Emergency Preparedness Canada
- ✔ National Defence
- ✔ Canadian Forces
- ✔ RCMP

plus a significant number of local, regional and provincial groups.

Even a technically and politically uncomplicated event can become a complex crisis management challenge. One you can prepare for, with an understanding of:

- ■ what a crisis is;
- ■ the confidence and control steps that must be managed;
- ■ solid crisis communications planning and, above all;
- ■ a strong and tested crisis management plan.

Crises in the political environment can be tough challenges.

They are also *inevitable*.

But if you're well prepared, you will be able to turn *chaos* into <u>capital</u>.

REFERENCE MATERIALS

Communicating in a Crisis: A Guidebook for Handling the Public Affairs Aspects of an Emergency; Chevron Corporate Communications, 225 Bush Street, San Francisco, CA 94104, 1991.

Crisis Communications; International Association of Business Communicators, Suite 600, One Hallidie Plaza, San Francisco, CA 94102, 1991.

Crisis Management - A Casebook; Michael Charles & John Kim, Charles Thomas Publisher, 2600 S. First Street, Springfield, IL 62794, 1988, ISBN 0-398-05408-8.

Crisis Management in Government... Lessons Learned; a seminar slide package presented by Dr. Peter Meyboom, 1989. Copies available from Environment Canada, 351 St. Joseph Blvd., 17th Floor, Hull, Quebec K1A 0H3.

Crisis Management Planning Manual; Environment Canada, 351 St. Joseph Blvd., 17th Floor, Hull, Quebec K1A 0H3, 1991.

Crisis Management Primer; Environment Canada, 351 St. Joseph Blvd., 17th Floor, Hull, Quebec K1A 0H3, 1992.

Departmental Crisis Communications Planning Guidebook; Environment Canada, 351 St. Joseph Blvd., 17th Floor, Hull, Quebec K1A 0H3, 1993.

Guide for Crisis Management Planning; Environment Canada, 351 St. Joseph Blvd., 17th Floor, Hull, Quebec K1A 0H3, 1992.

Handbook of Effective Emergency and Crisis Management; Mayer Nudell & Norman Antokol, Lexington Books, Maxwell MacMillan Canada, 539 Collier MacMillan Dr., Cambridge, Ontario N1R 5W9, 1988, ISBN 0-669-24948-3.

On the Spot; Dow Corning Corporation, P.O. Box 1000, Plymouth, MI 48170, 1990.

States of Emergency; Patrick Lagadec, Butterworth-Heinemann, 75 Clegg Road, Markham, Ontario L6G 1A1, 1990, ISBN 0-7506-1124-3.

When It Hits the Fan; Gerald C. Meyers, Houghton Mifflin Company, 1 Beacon Street, Boston, MA 02108, 1986, ISBN 0-04-440039-X.

When You Are the Headline; Robert B. Irvine, Institute for Crisis Management, Suite 200, 710 W. Main Street, Louisville, KY 40202, 1987, ISBN 0-87094-926-8.

NOTES

LA GESTION DES Crises dans un environnement politique

Programme autodidacte pour les gestionnaires du gouvernement fédéral

BUT

Ce programme sert d'introduction au domaine en pleine croissance de la gestion des crises. On l'a réalisé afin d'aider les gestionnaires du gouvernement à acquérir les outils de base et les techniques qu'il leur faut pour gérer efficacement les crises dans un contexte politique.

Le but de ce programme est de clarifier tant les méthodes que la terminologie utilisées dans la gestion des crises et de fournir des lignes directrices pratiques pour élaborer des plans de gestion des crises et les mettre en branle.

Le programme conjugue la vidéo et la documentation. Nous vous invitons à passer de l'une à l'autre à votre rythme.

Au cours de ce programme, vous entendrez les témoignages d'autres gestionnaires de longue date de la fonction publique qui ont survécu à des crises – à divers degrés. Ils vous feront part de leur expérience.

LES ÉLÉMENTS

Il y en a deux : le présent manuel et la vidéocassette qui l'accompagne. La vidéo dure 65 minutes. Elle comprend cinq modules qui correspondent aux cinq modules de ce manuel.

Bien que chaque élément puisse être utilisé seul, ils sont conçus de manière à former un tout. Vous tirerez le meilleur du programme si vous alternez de la vidéo au manuel comme nous l'expliquons plus loin.

LE CONTENU

■ **Le Module 1** expose le concept de la gestion des crises dans un contexte politique. Il définit trois paliers d'intervention – l'intervention d'urgence, la gestion des situations d'urgence et la gestion des crises – et il présente le concept selon lequel il <u>faut</u> planifier en vue des crises.

■ **Le Module 2** porte sur les étapes d'une crise. On y présente le modèle de la confiance et du contrôle, un outil d'analyse qui permet d'identifier et de comprendre les étapes d'une crise.

■ **Le Module 3** est un guide «étape par étape» de planification de la gestion des crises. Il expose les étapes pratiques à suivre avant et pendant une crise.

■ **Le Module 4** porte sur le sujet complexe des communications pendant une crise... de l'élaboration d'un plan de communications en cas de crise jusqu'aux relations avec les médias.

■ **Le Module 5** fait la synthèse de tous ces éléments en présentant une crise simulée élaborée de manière à stimuler l'auditoire et à renforcer l'apprentissage des concepts présentés dans les quatre premiers modules.

UTILISATION DE CE PROGRAMME

ÉTAPE 1 ➤ Nous vous suggérons de commencer par regarder la vidéo du Module 1, d'une durée de 11 min 8 s. Arrêtez ensuite la cassette et lisez le Module 1 du manuel, qui se rapporte à la vidéo.

ÉTAPE 2 ➤ Passez ensuite au Module 2. Cette fois encore, nous vous suggérons de regarder la vidéo avant de lire le manuel. La vidéo du Module 2 dure 9 min 33 s.

ÉTAPE 3 ➤ Les modules 3 et 4 sont un peu différents. Vous devriez lire les sections correspondantes du manuel avant de regarder la vidéo. La vidéo du Module 3 dure 8 min 44 s; celle du Module 4, 14 min 4 s.

ÉTAPE 4 ➤ Le dernier module se fonde sur la vidéo. La reconstitution d'une crise permet de montrer comment les divers éléments de la gestion d'une crise et des communications en cas de crise s'intègrent dans l'ambiance survoltée d'une «vraie crise».

La vidéo du dernier module dure 21 min 17 s et vient renforcer les concepts présentés dans les modules précédents. Vous pouvez attendre un jour ou deux avant de regarder cette vidéo. La documentation du Module 5 est une référence et un rappel des étapes de la gestion d'une crise. C'est une adaptation de la vidéo.

MODULE
1

Qu'est-ce que la gestion des crises?

Bon nombre d'entre vous se demandent sans doute «...et en quoi cela me concerne-t-il?» Les crises surviennent tout le temps. Elles sont inhérentes à toute grande organisation, et leur gestion fait partie de votre mandat.

Mais il vous manque peut-être les meilleurs outils pour accomplir ce travail. Lorsqu'on doit gérer les crises de manière ponctuelle, on court des risques inutiles. Par exemple, si on ne peut identifier les étapes d'une crise, on peut attendre trop longtemps avant de passer à l'action. Si on n'établit pas de relations éprouvées, on peut entrer en conflit avec d'autres ministères ou d'autres gouvernements. On peut perdre du temps à obtenir des approbations ou à définir les politiques nécessaires – un temps précieux pendant lequel les problèmes d'ordre logistique se manifestent et les médias vous prennent durement à partie. Si votre stratégie de communication n'est pas bien rodée, la population peut recevoir des messages contradictoires. Et la liste continue.

Vous vous dites peut-être que, avec toutes ces politiques et tous ces produits que vous devez fournir, ce n'est pas le moment d'implanter un nouvel outil de gestion. Vous n'êtes pas les seuls. La plupart des organisations qui se sont dotées d'un plan de gestion des crises ne s'y sont engagées qu'après avoir été ébranlées par un événement majeur.

Ce qu'il faut retenir, c'est que *les crises sont inéluctables*. Et même si le mot *crise* évoque plutôt des catastrophes naturelles ou provoquées par l'être humain, des pertes de vie et des dommages à la propriété, la plupart des gestionnaires gouvernementaux doivent régler des crises qui se rapportent plus étroitement à leur sphère de responsabilité habituelle, comme des services liés aux programmes, l'application des règlements et l'interprétation des politiques. Tous les ministères et tous les services ministériels peuvent être confrontés à la gestion d'une crise.

Heureusement, comme tout autre défi de gestion, les crises peuvent être *planifiées*, du moins un certain nombre de procédures qui peuvent faire l'objet d'une entente préalable et qui sont mises en branle en cas de crise.

Le premier module pave la voie aux concepts et aux techniques qui sont exposés dans les quatre parties suivantes. Il définit la gestion des crises dans un contexte politique et examine trois paliers d'intervention : l'intervention d'urgence, la gestion des situations d'urgence et la gestion des crises. Vous y entendrez aussi les témoignages de quelques cadres supérieurs du gouvernement qui ont eu à gérer une crise majeure ou qui ont y été impliqués, au Canada.

«Au gouvernement, une situation dégénère

en crise quand les médias, le Parlement ou des groupes d'intérêts puissants ou dignes de foi la désignent ainsi. Il n'est pas nécessaire qu'elle présente une menace grave pour la vie humaine, mais elle doit en quelque sorte porter atteinte aux convenances, aux traditions ou aux valeurs, à la sécurité ou à la protection du public, ou encore à l'intégrité du gouvernement.»

...Bureau du Conseil privé

INTERVENTION D'URGENCE, GESTION DES SITUATIONS D'URGENCE, GESTION DES CRISES

Bon nombre d'entre vous avez reçu une formation portant sur la gestion des situations d'urgence ou sur les relations avec les médias. Vous vous croyez peut-être prêts à affronter n'importe quelle crise éventuelle. Mais ce à quoi vous êtes préparés, c'est à une *urgence*.

Il existe en fait trois paliers d'intervention :
- L'intervention d'urgence;
- La gestion des situations d'urgence;
- La gestion des crises.

Il ne s'agit pas d'une simple gradation sur le plan de la gravité et des responsabilités. La gestion des crises est un domaine distinct où il faut régler un problème bien défini.

Prenons le cas d'une évasion de détenus. Il y a évidemment de la violence, des dommages, et l'on perd la maîtrise de la situation. Mais puisque les évasions sont prévisibles dans le contexte carcéral et que l'on peut s'y préparer, les évasions sont généralement considérées comme des urgences. Par contre, si l'incident fait ressortir une lacune majeure des politiques ou de leurs modalités d'application, il peut dégénérer en crise.

Certains d'entre vous ne sont peut-être pas d'accord avec cette distinction. Mais il ne faut perdre de vue qu'il est question de la gestion des crises dans un *contexte politique*. Bien des gens ont ce qu'il faut pour faire face à des événements qui menacent des personnes ou l'environnement.

Une crise menace les valeurs morales de la population, sa sécurité et surtout, l'intégrité du gouvernement. La gestion d'une crise exige des mesures exceptionnelles de gestion de l'information et des relations inter-organismes. Et la résolution d'une crise signifie le maintien ou le rétablissement de la *confiance* du public envers la capacité du gouvernement à *maîtriser* la situation.

INTERVENTION D'URGENCE :

La colline du Parlement, 1989 : un terroriste tient en otage les passagers d'un autobus sur la colline du Parlement.

L'épidémie, 1991 : la méningite frappe l'est du Canada, tuant la moitié des personnes affectées.

Le déraillement, 1992 : un déversement de produits chimiques force l'évacuation de la municipalité manitobaine de Oakville, pendant les Fêtes.

Malgré la dimension dramatique de ces événements, ils ont tous été réglés au palier des interventions d'urgence. Ces dernières s'attaquent à un problème : la capture du terroriste, la vaccination des victimes potentielles, le nettoyage du déversement, etc., autant de mesures qui portent sur les aspects techniques, scientifiques et logistiques requis pour régler le problème. Les événements qui peuvent être entièrement réglés par une intervention d'urgence sont normalement de courte durée et n'ont pas de répercussions complexes d'ordre institutionnel ou politique.

GESTION DES SITUATIONS D'URGENCE :

Tenyo Maru, 1992 : deux navires étrangers entrent en collision, ce qui provoque un déversement d'hydrocarbures et menace le littoral canadien et américain.

Los Angeles, 1994 : un tremblement de terre dévastateur détruit les résidences de milliers de personnes.

Aéroport international Lester B. Pearson, Toronto, 1994 : le bris d'une conduite de carburant paralyse le plus grand aéroport canadien.

 Voilà trois situations d'urgence qui ont donc nécessité le déclenchement d'une intervention d'urgence. Mais à cause de leur complexité, il a fallu intervenir sur le plan de la gestion, également. Les questions qu'elles soulèvent portent sur la prise en charge, le paiement des dépenses et la détermination de la faute. Elles sont la conséquence d'un problème et requièrent une gestion de *situation d'urgence* exceptionnelle.

Dans le cas de l'accident maritime, par exemple, il a fallu départager les responsabilités dans un contexte international... Le tremblement de terre a exigé d'importantes mesures de secours, de reconstruction et d'indemnisation... Quant à l'incident survenu à l'aéroport, il mettait en cause plusieurs entrepreneurs privés sur une propriété fédérale. Il fallait donc, cette fois encore, déterminer qui est le responsable, qui doit payer, à qui la faute... et quelles sont les responsabilités à long terme.

GESTION DES CRISES :

Les raisins du Chili, 1989 : des extrémistes chiliens menacent d'empoisonner les fruits expédiés en Amérique du Nord.

Le carburant contaminé, 1989 : on lit dans le *Globe & Mail* qu'Environnement Canada ferme les yeux sur l'importation présumée de carburant contaminé par des BPC.

Fuel laced with toxic wastes sold in lucrative scam

Somalie, 1993 : des soldats canadiens sont accusés de la torture et du meurtre d'un adolescent somalien.

Voilà des situations de *crise*. Elles ne semblent peut-être pas aussi dramatiques que les urgences dont nous venons de parler, mais chacune a menacé la compétence ou l'intégrité du gouvernement... Pourquoi le système canadien de surveillance des produits alimentaires n'est-il pas efficace? Ne suis-je pas en droit de m'attendre à ce que le gouvernement me donne l'assurance que les produits alimentaires n'ont pas été contaminés sciemment? Pourquoi Environnement Canada n'intervient-il pas pour assurer notre protection? Est-ce que le gouvernement de mon pays autorise des entreprises d'élimination des déchets à contaminer clandestinement l'air que je respire avec des produits chimiques à effet létal? Comment l'armée canadienne a-t-elle pu permettre de telles atrocités?

Les questions de ce genre ont leur propre charge dramatique et imposent des exigences exceptionnelles à ceux qui doivent gérer les situations connexes au problème.

TÉMOIGNAGES

Le témoignage de survivants aux crises :

«*Une crise est une situation où il s'est passé quelque chose de grave, où les enjeux sont élevés, où il y a peu de temps pour faire face au problème et où les choix sont limités. Il faut donc faire preuve d'une grande ingéniosité pour ramener les choses à la normale.***»**

M. Peter Meyboom, sous-ministre, Pêches et Océans Canada
...pendant l'incident

«*Vous avez souvent affaire à des perceptions, à des accusations injustifiées, à des informations erronées ou imprévues. Cela exige des aptitudes fort différentes et une équipe rompue à ce genre de choses. Souvent, la classe politique s'en mêle rapidement. C'est ce qui, à mon avis, en fait une crise.***»**

Mme Eleanor Kulin, directrice des Communications, Environnement Canada
...pendant les incidents de Hagersville et du carburant contaminé

«*Que faire avec des tonnes de nourriture (avariée)? Comment s'en débarrasser? Peut-elle être réinspectée? Que se passe-t-il aux frontières? Nous avons fait appel à un grand nombre d'organismes tant au fédéral qu'au provincial.***»**

M. Bert Liston, sous-ministre adjoint, Santé Canada
...pendant l'incident des raisins du Chili

Comme l'indiquent ces commentaires, aucune méthode de préparation ne convient à toutes les situations. Mais un plan de gestion des crises contribue à désamorcer la plupart des événements et vous aide à acquérir les réflexes qu'il vous faut pour réagir le plus vite possible aux autres situations. Nous aborderons la planification de la gestion des crises en détail dans le Module 3.

RÉCAPITULATION

Donc, en résumé :

● **L'INTERVENTION D'URGENCE**   s'attaque au ***problème***.

● **LA GESTION DES SITUATIONS D'URGENCE** s'attaque aux ***conséquences*** du problème.

● **LA GESTION DES CRISES**   porte sur des ***questions fondamentales*** qui concernent l'ensemble du problème... des questions qui <u>ne</u> commencent pas toujours par une urgence et dont l'enjeu porte sur la compétence et l'intégrité du gouvernement.

Autrement dit :

● **L'INTERVENTION D'URGENCE**   s'attaque à ***ce qui a fait défaut*** et ***comment y remédier***.

● **LA GESTION DES SITUATIONS D'URGENCE** règle les questions à savoir ***qui*** est à l'origine du problème, ***quand*** il est survenu et ***où***.

● **LA GESTION DES CRISES**   porte sur les causes – le ***pourquoi*** – du problème.

● **La gestion des crises fait partie du mandat de tous les gestionnaires. La crédibilité de votre ministère – et la vôtre – sont en jeu.**

● **Même si les crises sont imprévisibles, elles sont inéluctables, donc...**

● <u>**On peut – *et on doit* – se préparer à faire face à une crise.**</u>

Les étapes d'une crise

Dans l'administration publique, une crise survient lorsqu'on perd la confiance de la population pour l'une ou l'autre des raisons suivantes :

● L'attitude du gouvernement paraît trop oppressive, intéressée, discriminatoire ou imprévoyante;

● On considère que le gouvernement ne fait rien.

La perte de confiance s'accompagne de critiques ouvertes et d'une perte de maîtrise.

Mais comment détermine-t-on quand un incident doit être traité comme une crise? Après tout, une telle décision entraîne la mobilisation d'un nombre important de personnes et de ressources. En contrepartie, quand doit-on revenir à la normale et cesser de faire appel aux ressources et à la procédure administrative accélérée qui vont de pair avec un programme bien planifié et cohérent de gestion des crises?

Le fait de reconnaître les étapes d'une crise va vous aider à mieux gérer la plupart des incidents et à éviter certaines crises. Contrairement au premier module qui portait sur les activités – l'intervention d'urgence, la gestion des situations d'urgence et la gestion des crises – le deuxième module s'intéresse au contexte des crises. Ce dernier diffère d'un ministère à l'autre, mais ce survol des attitudes, des questions et des paramètres qui caractérisent chacune des étapes peut vous servir de point de départ dans le cadre de votre propre programme de gestion des crises.

LES ÉTAPES D'UNE CRISE

CONFIANCE ET MAÎTRISE

Le cycle d'une crise gravite autour de la relation entre la *maîtrise* d'un organisme face à un événement et de la *confiance* du public envers votre organisme quant à sa capacité de maîtriser la situation. Ce module vous fournira un instrument d'analyse des plus utiles qu'on appelle le modèle de «la confiance et la maîtrise», qui vous permettra de mettre les événements en perspective.

Le modèle de la confiance et la maîtrise, qui a été élaboré par M. Peter Meyboom, ancien sous-ministre à Pêches et Océans Canada, place les événements sur un graphique. Les axes du graphique représentent la confiance et la maîtrise, selon une échelle de 0 à 100 %. Les quatre quadrants représentent les étapes ou degrés d'activité d'une crise – que nous appelons les quatre contextes. Le modèle vous fournit un cadre de référence qui permet de jauger la gravité des urgences ou de leur évolution. Il vous servira dans votre analyse des crises antérieures, vous fournissant du coup un autre outil d'évaluation. Et finalement, il vous aidera à anticiper l'étape suivante d'une crise naissante et à planifier les stratégies de gestion et de communication qui en découlent.

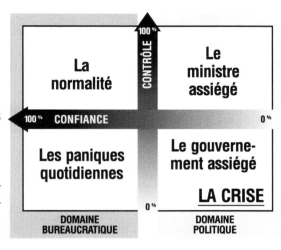

QUADRANT 1 ▶ Pour l'instant, voyons de plus près les quatre étapes ou quadrants. Le premier quadrant, **la normalité**, est différent pour chacun de vous. Pour certains, la normalité, c'est l'administration d'un programme. Pour d'autres, cela consiste à régler des situations urgentes.

Dans le cours d'une année, au Canada, il peut se produire 20 000 déversements de produits chimiques, 1 000 avalanches, et on doit répondre à des centaines de questions difficiles portant sur une facette particulière d'un programme pendant la période de questions aux Communes. Et dans chacun de ces cas ou presque, on possède une stratégie d'intervention : on nettoie le déversement, on porte secours aux victimes de l'avalanche et on répare les dommages, et on élabore et on fournit des réponses judicieuses. À cette étape, la maîtrise est acquise. Dans l'ensemble, les catastrophes naturelles et les controverses politiques sont prévisibles. On peut s'y préparer et maîtriser ces situations. La confiance du public n'est pas en cause car les gens entendent peu parler du problème ou ils apprennent qu'ils ont été réglés.

QUADRANT 2 ▶ Les **paniques quotidiennes** sont plus complexes. Prenons les exemples que nous venons de voir et poussons-les d'un cran : par exemple, un déversement où il faut évacuer une ville... une avalanche où il y a des morts... ou une attaque surprise contre un aspect délicat d'un programme. Ces événements sont plus difficiles à maîtriser... Leurs conséquences sont plus graves... et ils mobilisent plus de ressources...

La plupart des organismes considèrent cependant que les paniques quotidiennes font partie des défis ordinaires et ils s'y préparent en conséquence. À cette étape, la confiance du public n'est pas trop ébranlée. Il peut y avoir certains soubresauts du côté des observateurs du gouvernement, mais, généralement, il n'y a pas de dommage durable.

LES ÉTAPES D'UNE CRISE

QUADRANT 3 ▶ À la troisième étape – **le ministre assiégé** – la gravité monte d'un cran. Dans le cas de problèmes comme les pesticides sur les fruits ou la contamination des sols, la confiance du public peut chuter au plus bas même si le problème <u>est</u> maîtrisé d'un point de vue technique. L'aptitude du ministre à gérer la situation devient le centre d'attention.

QUADRANT 4 ▶ Il y a enfin les événements qui entrent dans la catégorie du **gouvernement assiégé** ou de la **crise**. Dans le contexte politique, les situations du genre sont nombreuses. Au Canada, mentionnons notamment l'incendie de l'entrepôt de BPC à Saint-Basile-le-Grand, la fuite avant la présentation du budget de 1989 et le meurtre en Somalie. Chacun de ces événements est devenu une crise pour des raisons différentes, mais ils ont tous certains points en commun. Il s'agissait d'incidents inattendus dont le dénouement a été très rapide. Ils étaient tous difficiles à maîtriser à cause de leur envergure, de leur durée ou de leurs conséquences sur le plan des politiques. Et ils mettaient en jeu la confiance du public quant à la capacité du gouvernement à maîtriser la situation.

À ce stade, il ne s'agit plus de résoudre le problème, ou d'en gérer les conséquences. Une crise peut ébranler les fondements les plus primordiaux de ce qui constitue un bon gouvernement. La question la plus probable que l'on pose au gouvernement, c'est : «Comment avez-vous pu laisser une telle chose se produire?» L'aptitude du gouvernement à gérer devient le centre d'attention.

En nous référant aux points abordés dans le premier module, nous voyons qu'un ministère peut être appelé à effectuer une intervention d'urgence ou à gérer une situation d'urgence dans chacune des étapes dont nous venons de parler. On peut avoir l'impression que la gestion d'une crise ne s'impose qu'à l'étape du «gouvernement assiégé». En réalité, un bon programme de gestion des crises se maintient à un certain niveau d'activité en tout temps.

100 % — CONTRÔLE (axe vertical)

Quadrant supérieur gauche :
- 20 000 déversements de produits chimiques
- 1 000 avalanches
- 160 évasions de prisonniers
- 150 incendies de forêt majeurs

Quadrant supérieur droit :
- La révolte des fumeurs
- La chasse aux bébés phoques
- Le déversement de pétrole pendant la Guerre du Golfe

100 % — CONFIANCE — **0 %**

Quadrant inférieur gauche :
- Les déraillements ferroviaires qui entraînent une évacuation
- Les déversements de pétrole planifiés en mer
- Les arraisonnements de navires de pêche étrangers

Quadrant inférieur droit :
- L'affaire du thon Star-Kist
- La crise d'Oka
- La fuite du budget
- Les raisins du Chili
- Le meurtre en Somalie
- Le carburant contaminé

0 %

DOMAINE BUREAUCRATIQUE   **DOMAINE POLITIQUE**

Voici quelques exemples d'événements susceptibles de correspondre à chacune des quatre étapes ou dimensions d'une crise. Quels événements survenus au sein de votre ministère pourraient se classer dans chacune de ces étapes?

LES ÉTAPES D'UNE CRISE

CARACTÉRISTIQUES DES COMMUNICATIONS ET INFLUENCES EXTÉRIEURES

Si les catastrophes naturelles ou les urgences peuvent engendrer la peur, d'autres forces de la non-confiance peuvent souvent jouer un rôle de catalyseur et catapulter un incident à la dimension d'une crise. Le plus simple, c'est lorsque la partie lésée porte l'affaire sur la place publique avec ou sans l'aide de représentants élus ou de groupes de pression et de groupes d'intérêts.

Il importe de ne pas perdre de vue que même si les médias contribuent à accélérer ou à ralentir le dénouement d'une crise, ils ne sont que des instruments. Les véritables sources du conflit, ce sont les personnes qui, de manière intentionnelle ou pas, désinforment les médias :

■ La partie lésée relate les événements en mêlant les faits, les opinions et les sentiments;
■ Le représentant élu le raconte en utilisant des renseignements de seconde main;
■ Les groupes de pression et les groupes d'intérêt ne révèlent qu'une partie des faits.

À la suite des rapports initiaux, d'autres voix se joignent au débat et le brouillent :
■ Les politiciens et les administrateurs dont le jugement même est mis en question;
■ L'expert local (ou «le borgne au pays de aveugles»);
■ L'expert véritable qui est cité hors contexte;
■ Les fous et les obsédés des médias.

Le fait de se concentrer sur les médias ou sur l'un des intervenants que nous venons de mentionner peut s'avérer nuisible. Il est beaucoup plus important – et efficace – de fournir des messages justes et, à tout le moins, de donner l'impression que votre organisme maîtrise la situation.

La grille suivante montre certains des éléments relatifs aux communications qui peuvent accompagner chaque étape d'une crise. Il va de soi que chaque événement est différent des autres – il y a des crises dont les médias ne parlent pas du tout – mais il faut se souvenir que l'attention nuisible ne se limite pas à ce qu'on montre aux informations de 18 h.

100 %

CONTRÔLE

■ **Pas de nouvelles**
■ **Couverture médiatique favorable**
■ **Reportages de suivi des crises antérieures**

■ **Critiques à l'endroit du ministre dans les médias locaux et régionaux**
■ **Lettres au rédacteur**
■ **Questions posées par les comités parlementaires**

100 % **CONFIANCE**   0 %

■ **Anecdotes dans la presse régionale**
■ **Potins dans les journaux**
■ **Lettres au ministre**
■ **Questions posées au caucus gouvernemental**
■ **«Chasse aux bureaucrates»**

■ **Traitement défavorable par les médias nationaux**
■ **Questions posées à la Chambre des communes**
■ **Critiques contre le gouvernement**

0 %

DOMAINE BUREAUCRATIQUE   **DOMAINE POLITIQUE**

LES ÉTAPES D'UNE CRISE

DYNAMIQUE D'UNE CRISE

On peut aussi afficher la *dynamique* d'une crise sur un graphique de la confiance et la maîtrise. Prenons l'exemple du thon Star-Kist. L'ancien sous-ministre des Pêches et des Océans, M. Peter Meyboom, qui était le gestionnaire des crises pendant cet incident, en décrit le déroulement :

«*À l'été de 1985, les inspecteurs de Pêches et Océans se mirent à rejeter une quantité croissante de thon en conserve provenant de l'usine de Star-Kist de St. Andrews, au Nouveau-Brunswick. La compagnie s'adressa alors au nouveau ministre des Pêches et des Océans pour contester la méthode d'inspection – basée sur l'odeur – que l'entreprise disait injuste et manquant de rigueur. Le ministre ordonna alors la remise en marché des produits Star-Kist.»*

«*Mis au courant de la situation, CTV diffusa, lors de l'émission W5, un reportage donnant l'impression aux Canadiens qu'on avait autorisé la vente de produits dangereux pour leur santé. Au cours du débat parlementaire qui s'ensuivit, la confiance envers le ministre et le gouvernement s'éroda à un point tel que le ministre décida de démissionner en octobre 1985.»*

«*Le nouveau ministre annonça une série de mesures destinées à restaurer la confiance du public et à rétablir le contrôle du gouvernement sur la situation. Elles incluaient le rappel et la réinspection de toutes les boîtes du thon Star-Kist ainsi qu'un examen approfondi des méthodes d'inspection et de production de Star-Kist. Cette dernière décida alors de suspendre toutes ses opérations à St. Andrews.»*

«*En mars 1987, une manifestation à Ottawa des ex-employés de Star-Kist, dont les prestations d'assurance-chômage avaient pris fin, ranima la crise brièvement. En avril 1987, le gouvernement s'entendait avec les propriétaires de Star-Kist sur les améliorations nécessaires à l'usine de St. Andrews et sur de nouvelles méthodes d'inspection. En août 1987, l'usine était rouverte.»*

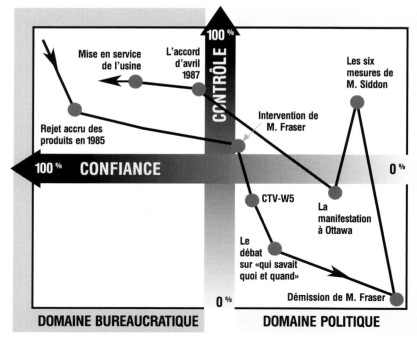

LES ÉTAPES D'UNE CRISE

DIMENSION HUMAINE DE LA GESTION DES CRISES

■ Toutes les crises commencent par les réactions humaines naturelles de dénégation, de colère et de peur.

■ La réaction de l'organisme à ces émotions détermine la manière dont il traite la crise elle-même.

■ Le syndrome de «la lutte ou la fuite» ne peut être surmonté que par un climat de confiance au sein de l'organisme.

■ Lorsque la méfiance règne au sein de l'organisme, les conditions sont propices à la récrimination, à la panique et à l'effondrement.

■ À l'apogée de la crise, les attitudes répandues devraient être la mesure, le consensus et la confiance. L'accent devrait être mis sur la compréhension, l'explication des faits et l'infléchissement du cours des événements.

GESTION DE L'APRÈS-CRISE

■ Reconstruire et se rétablir

■ Rétablir la confiance du public

■ Renouer les relations fédérales-provinciales

■ Empêcher le développement d'une crise chronique

Un dernier point : dans bien des cas, votre organisme sortira d'une crise passablement changé. La survie n'est pas une condition essentielle de la gestion des crises; vous constaterez toutefois que les éléments qui sont mis de côté étaient probablement nuisibles dès le départ. Si votre groupe est bien préparé, il peut sortir d'une crise, même majeure, plus efficace et mieux équipé que jamais.

Le module suivant – un guide «étape par étape» de la planification de la gestion des crises – peut vous aider, votre organisme et vous-même, à faire en sorte que cela se produise à coup sûr.

Guide «étape par étape»
de planification
de la gestion des crises

Ce module a pour but de vous guider dans l'élaboration d'un plan de gestion des crises. Il définit les sept étapes de base de la planification dont il faut tenir compte dans l'élaboration de votre plan et il identifie sept mesures concrètes que votre équipe de gestion des crises peut prendre lorsqu'un état de crise a été déclaré. Selon la rapidité du dénouement, certaines de ces mesures seront peut-être simultanées.

Cette section du manuel a été conçue notamment pour servir de référence rapide. Les sept étapes de la planification sont regroupées sur une seule page, et les détails de chacune sont présentés sur les pages suivantes. Il en va de même des sept mesures concrètes de gestion des crises.

La vidéo complémentaire a été conçue pour évoquer des idées. Par exemple, peut-être est-il survenu des crises au sein de votre ministère auxquelles vous ne pensez pas mais qui sont susceptibles de vous fournir une perspective historique des plus précieuses? Dans l'élaboration d'un plan de communication avec les médias, quels genres de médias pourriez-vous envisager?

Contrairement aux deux modules précédents, nous vous encourageons à commencer par lire la documentation avant de regarder la vidéo. Ces deux éléments devraient servir de référence à vos collègues et à vous-même.

PRÉPARATION EN PRÉVISION D'UNE CRISE

1 PRÉVOIR LES PROBLÈMES

- Effectuer une vérification
- Évaluer les risques
- Examiner les pires cas
- Étudier les situations antérieures semblables
- Prévoir des experts

2 DRESSER LE PLAN

- Définir les crises
- Établir les structures hiérarchiques
- Déterminer les politiques et les procédures
- Prévoir les installations d'intervention
- Définir les obligations

3 FORMER L'ÉQUIPE

- Organiser
- Déléguer les tâches
- Faire l'annonce
- Former
- Autoriser

4 DÉSIGNER LES PARTENAIRES

- Conclure des ententes
- Planifier l'intégration
- Officialiser le tout
- Désigner les intervenants
- Déterminer les autres paliers de gouvernement

5 PLANIFIER POUR LES MÉDIAS

- Établir la politique
- Désigner les porte-parole
- Répertorier les médias
- Préparer des fiches «questions-réponses»
- Mettre sur pied les installations
- Former

6 ÉTABLIR LES SYSTÈMES

- Fournir les installations et les équiper
- Assurer le soutien
- Assurer des systèmes de réserve
- Tester les systèmes

7 METTRE LE PLAN À L'ESSAI

- Planifier des exercices
- Y inclure des partenaires
- Y inclure les médias
- Tester tous les systèmes
- Tenir des séances-bilans

PRÉPARATION EN PRÉVISION D'UNE CRISE

1. PRÉVOIR LES PROBLÈMES

Effectuez une vérification afin d'évaluer les situations critiques que votre organisme pourrait avoir à affronter, surtout celles qui risquent de soulever l'intérêt des milieux politiques ou institutionnels.

Évaluez vos **risques** : quels événements risquent le plus de dégénérer en crise? Demandez à vos collègues d'en dresser la liste et de les classer par ordre d'importance.

Comme il est impossible de planifier en vue de chaque éventualité, limitez votre analyse aux **pires cas** – une dizaine, par exemple.

Examinez les **situations antérieures similaires** que votre organisme a dû affronter. Cela vous éclairera quant à l'ampleur de l'impact possible.

Déterminez quels **experts** seront en mesure d'aider l'organisme en cas de crise et précisez leurs rôles et leurs responsabilités.

2. DRESSER LE PLAN

Définissez **ce qu'est une crise** au sein de votre organisme. Il est important que toutes les personnes intéressées comprennent la différence entre une <u>situation normale</u>, un <u>état d'urgence</u> et un <u>état de crise</u>.

Établissez les **structures hiérarchiques** pour la gestion des crises, tout particulièrement les structures qui définissent les rapports entre les opérations régionales et les opérations de l'administration centrale. Déterminez, par exemple, qui autorisera le passage de la gestion des opérations et des mécanismes du niveau régional au niveau central.

Il faudra déterminer les **changements de politiques et de procédures** administratives qui sont nécessaires pour activer et faciliter la prise de décisions pendant la crise.

Dans quelles **installations** l'équipe de gestion pourra-t-elle s'installer et s'isoler des demandes qui n'ont pas de rapport avec la crise? Il ne faut pas perdre de vue que les télécommunications vont devenir primordiales pour recueillir, confirmer et communiquer les informations pertinentes. Il faut aussi prévoir du matériel de réserve et du personnel de soutien opérationnel (pour la gestion de la crise elle-même et pour les tâches régulières).

Les membres de votre personnel ont-ils une idée claire et précise des responsabilités légales de votre organisme et de ses **obligations** envers les autres ministères et les autres gouvernements? Les obligations doivent être comprises et étayées par des documents bien avant qu'une crise ne survienne.

PRÉPARATION EN PRÉVISION D'UNE CRISE

3. FORMER L'ÉQUIPE

Déterminez les spécialistes dont vous aurez besoin au sein de l'équipe de gestion des crises, ceux qui en seront membres à temps plein et les experts-conseils à temps partiel.

Rédigez un **énoncé des tâches** pour chaque membre de l'équipe et veillez à ce que chacun comprenne son rôle et ses responsabilités. Il s'agit de créer un poste et non de nommer une personne. Faites en sorte que chaque membre de l'équipe désigne quelqu'un qui puisse le remplacer en cas d'absence ou qui puisse faire partie d'une deuxième équipe au besoin.

Discutez des **rôles et des responsabilités** avec tous les membres de l'équipe pour vous assurer qu'aucun élément n'a été oublié et que chacun comprend bien les liens entre ses fonctions et celles des autres.

Désignez plus d'un porte-parole et plus d'un coordonnateur de crise. En ayant plusieurs personnes formées et disponibles, votre SMA pourra choisir les deux personnes les plus aptes à faire partie de l'équipe selon la situation.

Établissez des documents de **formation** uniformes pour les membres de l'équipe et les conseillers techniques.

Précisez les **pouvoirs** dont l'équipe sera investie et faites approuver au préalable les procédures administratives qui devront être modifiées pour la gestion d'une crise.

4. DÉSIGNER LES PARTENAIRES

À quels **partenaires** ferez-vous appel dans les autres ministères pour vous aider et vous appuyer en cas de crise?

Savent-ils ce que vous attendez d'eux? Vos principaux partenaires ont-ils pris connaissance de votre programme de gestion des crises? Avez-vous eu des **contacts** informels avec eux?

Connaissez-vous les **obligations** de votre ministère à l'égard du gouvernement pendant une crise?

Entrez en rapport avec le Bureau du Conseil privé (secrétariats des Opérations gouvernementales ou des Communications).

Veillez à ce que votre plan de gestion des crises et les mesures connexes **s'harmonisent** avec les plans et les mesures de vos partenaires.

Officialisez les dispositions à prendre. Connaissez à fond l'étendue de vos compétences et de vos obligations aux termes des lois et des règlements, par rapport à tous les **autres paliers de gouvernement**, donc sur les plans international, provincial, municipal, etc. Quand la crise surgit, il n'est plus temps de chercher à définir vos responsabilités.

5. PLANIFIER POUR LES MÉDIAS

Familiarisez-vous avec la stratégie de communications de votre ministère en période de crise et la politique connexe de relations avec les médias.

Définissez les **rapports hiérarchiques** entre les bureaux régionaux et ceux de l'administration centrale, surtout en ce qui concerne la communication de renseignements au public.

Définissez le rôle et les responsabilités du **porte-parole désigné** et veillez à ce que tout le monde comprenne que cela signifie qu'une seule personne parle au nom du ministère. Cela n'exclut pas, par exemple, que d'autres porte-parole présents sur les lieux puissent s'adresser aux médias; leur message doit toutefois être transmis après celui du porte-parole désigné, le ton et les informations devant être les mêmes.

Établissez un **répertoire des médias** (télévision, radio, presse) pour votre région ou pour le secteur où s'applique votre programme.

Préparez une série de **fiches d'information** sur des questions particulièrement délicates qui concernent votre organisme. En ce qui touche la question des politiques, produisez des énoncés de position approuvés au préalable.

Prévoyez des locaux et des **installations** qui peuvent répondre aux besoins des médias, en particulier si votre organisme est le premier responsable.

Élaborez un programme de **formation** sur les relations avec les médias à l'intention de tout le personnel appelé à faire partie de l'équipe de gestion des crises ou à lui prêter main-forte. Les porte-parole doivent suivre des séances de formation en vue de leur passage à la télévision et ils doivent connaître les techniques d'interview téléphonique et radiophonique.

6. ÉTABLIR LES SYSTÈMES

Faites le nécessaire pour prévoir les **installations** qui serviront aux réunions des membres de l'équipe de gestion des crises et qui accueilleront leur matériel de communication ou autre.

Le **matériel** de communication nécessaire en cas de crise peut paraître évident, mais on risque d'en oublier sous le feu de l'action. Prévoyez des télécopieurs et les lignes téléphoniques (pour la réception et l'envoi de messages), des lignes téléphoniques 1-800, des appareils cellulaires, des réseaux informatiques, des réseaux à grande capacité pour des téléconférences, des mécanismes de contrôle de l'utilisation des lignes téléphoniques, des appareils de traitement de texte, des appareils d'enregistrement, et n'oubliez surtout pas le matériel et les locaux de réserve en prenant soin de les tester au préalable.

Outre le personnel régulier, il faut prévoir les besoins en **personnel** de soutien, non seulement pendant les heures régulières de travail, mais aussi, au besoin, jour et nuit, sept jours sur sept. L'employé de soutien le plus important pour l'équipe de gestion est le **«greffier»** qui consigne chacune des actions de l'équipe pendant la crise.

À intervalles réguliers, faites **l'essai** des systèmes et des installations et soumettez le personnel de soutien à des exercices.

7. METTRE LE PLAN À L'ESSAI

Les plans de gestion des crises prévoient normalement des **essais** qui peuvent aller de l'exercice basé sur une simulation à échelle réduite jusqu'au scénario simulant à grande échelle un état de crise. Dans tous les cas, faites-y participer vos principaux partenaires et, si possible, les médias.

En temps de crise, le plan de gestion des crises et les mesures connexes doivent être **approuvés par la haute direction** pour entrer en vigueur, et il en va de même des exercices. Quelle crédibilité auraient vos collègues et vos partenaires si, au cours d'une simulation, les gestionnaires déléguaient leur rôle à des subalternes? Les membres de la haute direction doivent participer aux exercices, quitte à adapter ces exercices à leurs horaires, dans des limites raisonnables. Lorsqu'il aura compris que les crises entraînent souvent des restrictions aux possibilités de carrière, le personnel de direction sera mieux disposé à l'égard des essais et des simulations.

Après l'exercice, organisez une **séance-bilan** pour faire ressortir ce qui a été bien fait et ce qui aurait pu aller mieux. Ces séances vous donnent l'occasion de rajuster le plan et de **réévaluer les responsabilités** qu'assumeraient les principaux partenaires en cas de crise réelle. Certaines personnes travaillent mal lorsqu'il faut prendre des décisions dans des délais très courts. Vous pouvez alors vous en rendre compte.

MESURES À PRENDRE PENDANT UNE CRISE

1 ÉVALUER LA SITUATION

- Recueillir l'information
- Confirmer les faits
- Déterminer les mesures clés
- Mettre en branle le plan
- Déterminer l'organisme responsable

2 EXÉCUTER LE PLAN

- Former l'équipe
- Définir la crise
- Rester en alerte
- Être souple
- Rester calme
- Obtenir des ressources

3 CONFINER LA CRISE

- Obtenir de l'aide
- Réduire le danger
- Maîtriser la situation
- En rester maître
- Être vu

4 ÊTRE PRÊT POUR LES MÉDIAS

- Appliquer le plan pour les médias
- Mobiliser des porte-parole
- Assurer la coordination nationale et interministérielle

5 RÉPONDRE AUX MÉDIAS

- Utiliser des fiches documentaires
- Ne pas minimiser
- Rassurer (on maîtrise de la situation)
- Ne pas spéculer
- Être calme et concis

6 APRÈS LA CRISE

- Évaluer la situation
- Maintenir la communication
- Corriger les plans
- Évaluer les mesures prises
- Modifier le plan
- Rédiger un rapport

7 ANALYSE RÉTROSPECTIVE

- Évaluer la gestion de l'événement
- Apprendre par l'expérience
- Organiser des séances-bilans
- Recommander des changements

23

MESURES À PRENDRE

1. ÉVALUER LA SITUATION

À l'approche de l'état de crise, les informations ne manqueront pas et elles seront souvent contradictoires. Déterminez la fiabilité des sources d'information et **confirmez les faits**.

Évaluez l'importance du problème ainsi que les dangers éventuels et les possibilités d'action face à cette situation. Si un programme efficace de gestion des crises vise surtout à réagir à une situation, il comporte néanmoins beaucoup de mesures de prévision. Pour appliquer ces mesures, il faut des renseignements sûrs.

La situation justifie-t-elle la mise en oeuvre du plan de gestion des crises? N'oubliez pas que la déclaration de l'état de crise intensifiera presque certainement l'intérêt des milieux politiques et institutionnels et du public. Vous devez en tenir compte.

Est-il clairement établi que votre organisme est le **premier organisme responsable** aux termes des divers instruments législatifs ou des ententes interministérielles? Si vous avez le moindre doute, consultez le Bureau du Conseil privé (Opérations gouvernementales). Si vous ne faites qu'assister le premier organisme responsable, vous n'aurez vraisemblablement pas à mettre en oeuvre votre plan de gestion des crises.

Soyez au courant des nombreuses **responsabilités et obligations** qui découlent du fait que votre organisme a été désigné premier organisme gouvernemental responsable en cas de crise.

2. EXÉCUTER LE PLAN

Réunissez les membres de l'équipe. Assurez-vous que chacun d'eux peut respecter ses engagements envers le groupe. S'ils ne sont pas en mesure de le faire, remplacez-les. Rappelez à tous que l'équipe de gestion des crises a pour objet non pas de gérer elle-même la crise, mais bien d'apporter de l'aide et de donner des conseils au coordonnateur national de la gestion des crises.

Définissez clairement la crise et veillez à ce que tous les membres de l'équipe soient d'accord sur cette définition, car elle est essentielle pour orienter les membres vers le même but.

Il sera vital d'être en mesure d'obtenir rapidement des informations sûres. Concluez donc des arrangements préalables avec vos collègues des autres ministères ou des groupes d'intérêts. En obtenant **de bons conseils et des renseignements fiables**, vous pourrez rester en alerte et régler les problèmes au fur et à mesure qu'ils surviendront.

Néanmoins, il arrive souvent des imprévus. **Restez calme et souple**, et sachez adapter vos interventions. Consacrez toutes les énergies à la crise. L'administration gouvernementale vous appuie entièrement : utilisez-la, ainsi que les ressources qu'elle offre.

MESURES À PRENDRE

3. CONFINER LA CRISE

► Les héros ne font pas de bons gestionnaires de crise. Les bilans effectués à la suite d'un grand nombre de crises survenues dans le secteur public et dans le secteur privé indiquent que, fréquemment, la situation s'est transformée en crise (plutôt qu'en situation d'urgence) parce que le premier gestionnaire hiérarchique concerné a tenté de résoudre lui-même le problème au lieu de demander de l'aide. Pour certains gestionnaires à la mentalité traditionnelle, le fait de demander de l'aide est un indice d'incapacité. En réalité, le fait de <u>ne pas demander</u> **de l'aide de spécialistes lorsqu'une situation s'aggrave constitue une erreur**.

► Confinez la crise en **réduisant le danger qu'elle représente pour les personnes et pour l'environnement**. Aucun risque n'est acceptable.

► **Donnez l'impression d'avoir la maîtrise**, sinon de la situation, au moins du message. La population doit être <u>persuadée</u> que l'organisme <u>maîtrise</u> la situation et qu'il en restera maître.

4. ÊTRE PRÊT POUR LES MÉDIAS

► Le conseiller en matière de communications **donne son avis sur l'intérêt que la situation pourra susciter chez les médias**. À partir de ces recommandations, décidez si le plan destiné aux médias sera appliqué intégralement ou partiellement.

► **Choisissez et informez le porte-parole désigné**. Informez aussi les porte-parole régionaux et les porte-parole secondaires de la <u>structure hiérarchique</u> quant à la manière de préparer et de transmettre les messages. <u>Une instance d'approbation unique est souhaitable</u>. Expliquez clairement les règles régissant la communication des messages par les organismes de soutien.

► Si vous êtes le **premier organisme responsable**, la coordination de la rédaction et la transmission du message gouvernemental vous incombent. Si vous **fournissez du soutien**, vous élaborez le message du point de vue de votre organisme et vous le faites parvenir au premier organisme responsable. Tous les messages des ministères doivent évidemment être soumis à l'approbation de l'organisme responsable.

► Les conseillers en matière de communications doivent **prévoir les besoins des médias** et préparer l'organisme à **répondre à ces besoins**. Il peut s'agir par exemple de préparer, pour le porte-parole désigné, des énoncés de position, des communiqués, des conférences de presse et des exposés, en vue de séances d'interview privées et publiques.

MESURES À PRENDRE

5. RÉPONDRE AUX MÉDIAS

Soyez prêt. Chaque message doit être préparé avec soins et transmis avec assurance et concision. **Ne spéculez jamais et n'émettez surtout pas d'hypothèses**. Ne fournissez aux médias que des renseignements factuels. Les énoncés de position et les fiches d'information que vous vous êtes donné la peine de produire et de faire approuver lorsque l'organisme n'était pas confronté à une crise vous seront maintenant fort utiles.

Soyez **rassurant**; efforcez-vous de toujours donner l'impression de maîtriser la situation, aux yeux du public et des médias.

Les conseillers en matière de communications doivent se tenir **au courant du traitement médiatique de l'événement**. Quels sont les points de vue des médias? La couverture des événements à l'échelle nationale correspond-elle à celle qu'on en fait à l'échelle régionale? Si ce n'est pas le cas, quelles en sont les raisons? L'événement mérite-t-il d'être couvert partout? Combien de pages les journaux consacrent-ils à l'événement, de jour en jour?

Que vous disent les sondages d'opinion concernant la **confiance** du public à votre égard et la **maîtrise** que vous avez de la situation? Si la population est entièrement convaincue que l'organisme est parfaitement maître de la situation, il n'y a pas de crise.

Durant cette étape, rappelez-vous des responsabilités de votre organisme sur le plan des **communications internes**. Un membre de l'équipe doit en être mandaté.

Essayez de tenir **vos propres employés au courant** des principaux points touchant la gestion de la crise, notamment du choix du porte-parole désigné, du coordonnateur national et de la manière dont les employés doivent leur transmettre les demandes de renseignements. Vos employés eux-mêmes doivent avoir l'impression que l'organisme domine la situation pour assurer le bon déroulement des activités.

6. APRÈS LA CRISE

Il est aussi important de déclarer que la gestion de la crise est **terminée** qu'il pouvait l'être de déclarer officiellement l'état de crise. Vous indiquez par ce geste que la situation est, selon vous, dépolitisée et qu'elle relève désormais des niveaux habituels de gestion.

Quoique la situation puisse être moins préoccupante pour l'organisme, il importe de **rester en contact** avec les médias (et les organismes partenaires), surtout pendant la période de retour aux activités normales.

Si votre organisme était le premier organisme responsable, vous devez transmettre au Bureau du Conseil privé un **document de synthèse** sur l'intervention fédérale, que vous aurez établi pendant la crise et qui servira de registre aux événements, pour votre organisme comme pour les autres.

L'équipe de gestion des crises doit **évaluer la façon dont elle s'est acquittée de son mandat**. S'il y a eu des problèmes, c'est le moment de recommander les modifications à apporter au plan de gestion.

MESURES À PRENDRE

7. ANALYSE RÉTROSPECTIVE

Il faut déterminer **l'étendue de l'analyse rétrospective** qui sera faite de la gestion de la crise. Dans certains cas, une évaluation rapide sera peut-être suffisante, alors que, dans d'autres, une analyse complète de la cause et des effets sera nécessaire.

Peu importe l'étendue de l'analyse, les gestionnaires qui ont l'expérience des situations de crise recommandent que le bilan soit effectué par des **experts engagés à contrat**.

Déterminez **l'objet de ce bilan**. S'agit-il d'analyser le comportement de votre organisme par rapport à la situation, aux messages, à la collaboration interministérielle, ou s'agit-il de cerner la cause de l'incident et son impact sur la population et de recommander que des lois ou des règlements soient modifiés afin d'éviter qu'une situation semblable se reproduise?

Faites participer vos partenaires à l'analyse. Ils constituent souvent de bonnes sources d'information. Accordez une attention particulière à l'absence ou à l'insuffisance de mesures de collaboration entre les organismes. À cet égard, il y a presque toujours matière à amélioration.

DIAGRAMME D'UN ORGANISME TYPE

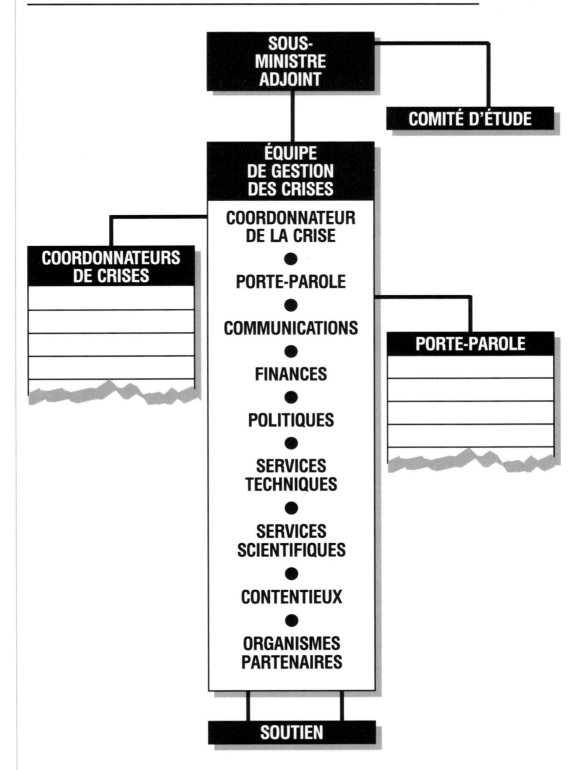

MODULE 4

Les communications en cas de crise

Les communications pendant une crise – l'interaction avec les auditoires affectés par la crise – interviennent dans tous les aspects de la gestion des crises. Diffuser le bon message <u>rapidement</u> s'avère essentiel pour désamorcer un incident, gagner la confiance du public et maintenir la crédibilité de votre ministère.

Bien des gens croient que les communications en cas de crise consistent surtout à «s'occuper des médias». La vérité est toute autre. Les relations avec les médias ne sont qu'une facette des communications en cas de crise. Pour bien gérer les communications pendant une crise, il faut savoir gérer l'information, connaître les stratégies inhérentes au plan de communications en cas de crise et savoir comment mobiliser l'appareil gouvernemental pour qu'il appuie vos efforts. Ce module vise à expliquer ces éléments et à vous guider dans l'élaboration et la mise en oeuvre de votre programme de communications en cas de crise.

Les communications en cas de crise visent deux objectifs principaux :
- Gérer l'information qui se rapporte à la crise pour en faire un élément de stabilisation;
- Dépolitiser la crise en veillant à ce que la gestion de l'information ne devienne elle-même un problème.

❝C'était la confusion totale! Personne ne savait qui était responsable de quoi! La coordination, mon vieux, connais pas! Zéro! Tout le monde travaillait de son bord, et puis il n'y avait pas moyen d'accorder nos violons!»

❝Nous avions le porte-parole idéal, au courant du dossier et bien préparé. Un gars super... Mais personne ne s'était donné la peine de vérifier s'il était <u>vraiment bilingue</u>. Son anglais n'était pas terrible! Il a été mal compris par la presse puis ça nous est revenu en pleine face!»

❝On n'était pas préparé en matière de communication. Personne ne savait son rôle exact... Dès que les choses se sont mises à mal tourner, ça été la panique totale!»

LA PLACE DES COMMUNICATIONS DANS LA GESTION DES CRISES

Dans le troisième module, nous avons examiné un modèle de structure hiérarchique de gestion efficace des crises.

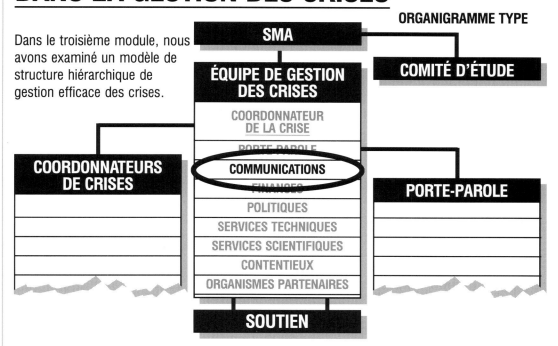

ÉQUIPE DE COMMUNICATIONS EN CAS DE CRISE

À l'instar des autres rôles au sein de l'équipe, les communications relèvent d'un conseiller. C'est à cette personne qu'incombe la responsabilité d'établir la stratégie en matière de communications et de régir la transmission de l'information. Comme d'autres mandats confiés à des membres de l'équipe, celui des communications relève d'un conseiller à qui incombe la responsabilité de superviser la circulation de l'information livrée aux divers auditoires et aux médias de même qu'au sein de l'organisme ou aux autres ministères ou paliers gouvernementaux qui peuvent prendre part à la gestion de la crise. Le conseiller est soutenu par une équipe bien formée qui a le mandat de fournir, de recevoir et d'analyser l'information, et d'élaborer la stratégie de communications. Une équipe typique de communications en cas de crise pourrait se composer de spécialistes chargés d'assumer les responsabilités suivantes :

■ Conseils en communications à l'équipe de gestion des crises;
■ Communications avec les médias;
■ Surveillance et analyse des reportages des médias et opinion publique;
■ Appui au porte-parole désigné;
■ Information publique ou consultations;
■ Soutien aux mises à jour;
■ Élaboration des politiques et des positions.

C'est cette équipe de communications qui répond aux besoins de la population en matière d'information, qui rédige les communiqués destinés aux ministres et à la population, qui appuie les porte-parole désignés, qui effectue l'analyse des réactions des médias, etc.
C'est à ce niveau que le travail de fond commence et – si votre équipe est bien préparée – ce sera peut-être le début du processus de stabilisation et de dépolitisation de la crise.

En résumé, le rôle de l'équipe de communications en cas de crise consiste à :
■ **fournir**
■ **recevoir** } **de l'information**
■ **analyser**

LA PLANIFICATION DES COMMUNICATIONS EN CAS DE CRISE

Étant donné l'envergure de la plupart des crises, les communications peuvent devenir complexes et se révéler particulièrement lourdes d'incidences pour votre ministère. Il peut s'avérer pratiquement impossible de maîtriser la situation si l'on n'a pas une certaine forme de ligne directrice. C'est ici qu'intervient le *plan de communications en cas de crise*. Il vous fournira les guides stratégiques et tactiques dont vous avez besoin avant, pendant et après la crise. Votre plan de communications en cas de crise devrait aller de pair avec le plan général de gestion des crises. Élaboré de concert avec l'équipe de gestion des crises, il devrait avoir été approuvé par tous les principaux intervenants.

Un plan bien conçu devrait :
- **préciser des stratégies d'intervention pouvant être mises en oeuvre lors du déclenchement d'une crise;**
- **prévoir l'affectation des ressources et des responsabilités en matière de communications;**
- **énoncer les techniques permettant de définir les messages et les auditoires cibles;**
- **permettre aux gestionnaires des communications en cas de crise de lancer des campagnes d'information publique et de relations avec les médias pendant une crise.**

Les communications en cas de crise seront plus efficaces si chacun des principaux paliers de votre ministère élabore son propre plan, de pair avec le plan du ministère. La participation de tout un ministère à la planification des communications en cas de crise permet à tous les intervenants d'avoir les mêmes repères et les mêmes réactions.

Les quatre éléments types de la planification en cas de crise :

Un bon plan de communications en cas de crise s'appuie sur quatre piliers :
1. La stratégie;
2. Les auditoires;
3. Les porte-parole désignés (le message);
4. Les relations avec les médias.

1 LA STRATÉGIE

Lorsqu'une crise survient, le temps se comprime. Vous ne disposerez peut-être que de quelques heures – voire moins – avant d'être inondé de demandes d'information concernant la position du gouvernement, l'évolution de la situation et les mesures prises.

➤ La perception populaire de la maîtrise gouvernementale de la situation (vous vous souvenez du Module 2?) va dépendre des communications. Vous devez intervenir de manière directe et rapide. Cela signifie qu'il faut réduire les étapes d'approbation et accélérer les procédures administratives normales.

➤ La planification stratégique repose sur l'anticipation. Commencez par «prévoir» les crises possibles. L'information peut être recueillie auprès de spécialistes techniques et scientifiques, du personnel des régions, de gestionnaires des Opérations et des Communications, de sources parlementaires, de groupes d'intérêts, des médias, ainsi que dans des sondages et dans les ouvrages disponibles. Votre plan de communications en cas de crise devrait

LA PLANIFICATION
DES COMMUNICATIONS EN CAS DE CRISE

comprendre une liste des crises auxquelles vous risquez d'être confronté (il s'agit d'un processus dynamique… s'il survient une crise imprévue, vous l'ajoutez à la liste).

Faites ensuite un examen rétrospectif de crises antérieures et de la manière dont elles ont été gérées. Parmi les sources auxquelles vous avez accès, on compte les rapports de situation, les vérifications, les analyses rétrospectives de crises antérieures, les études historiques, les évaluations de responsabilité et la production de scénarios qui envisagent le pire. Intégrez à votre plan l'expérience acquise par la gestion de crises antérieures et mettez-le à jour au fil des nouvelles expériences.

Votre plan de communications en cas de crise devrait énoncer clairement les politiques, les procédures et les obligations de votre organisme. Il devrait également préciser la structure hiérarchique d'intervention, y compris les signataires autorisés en tenant compte de la nécessité d'accélérer les approbations et la circulation de l'information.

Le plan devrait mentionner spécifiquement les noms des membres de l'équipe de communications en cas de crise. Passez en revue l'expertise disponible, précisez les rôles de premier plan et affectez les responsabilités. Dans la mesure du possible, vous devriez nommer les personnes qui sont appelées à occuper ces fonctions et donner leurs coordonnées. Le personnel suppléant devrait aussi être mentionné. S'il vous faut du personnel supplémentaire, prévoyez-le dans les modalités opérationnelles.

Votre plan de communications en cas de crise devrait reconnaître et «institutionnalise» le principe du *porte-parole désigné*. Vous devriez nommer les porte-paroles principaux et suppléants et veiller à ce que ces personnes en soient informées, qu'elles soient disponibles et fournir les coordonnées pertinentes pour les contacter (le principe du porte-parole désigné fera l'objet d'une description détaillée).

Vos partenaires – vos alliances stratégiques – jouent un rôle crucial. Vos partenaires gouvernementaux et non gouvernementaux sont vos alliés. Vous devriez établir votre réseau de ressources et le mentionner dans votre plan. Chaque région et chaque service devrait déterminer ses partenaires possibles en matière de communications en cas de crise et prendre des dispositions pour les intégrer au processus de planification.

Sur le plan pratique, veillez à ce que votre plan comprenne les éléments de base comme les installations et le matériel dont vous aurez besoin, tels que les téléphones, les télécopieurs, une salle d'information pour les médias, les systèmes d'appoint et de secours, etc. Faites une estimation réaliste de vos besoins et soyez prévoyant afin d'éviter de vous retrouver à court de ressources.

Veillez à ce que votre plan comprenne la surveillance des reportages des médias et de l'opinion publique. L'analyse de l'opinion publique et du traitement de la crise par les médias aide à évaluer l'efficacité de vos communications, à définir une position stratégique et à élaborer de nouveaux produits de communication.

LA PLANIFICATION
DES COMMUNICATIONS EN CAS DE CRISE

Enfin, ne vous reposez pas sur vos lauriers... Mettez votre plan à l'épreuve. Établissez un programme de formation pour vous assurer que les gestionnaires ont la compétence nécessaire pour s'acquitter de leurs fonctions pendant une crise. Puis, faites des exercices afin de vérifier le système de communications en cas de crise. Ces exercices devraient être menés dans plusieurs régions et services, et les gestionnaires supérieurs de communications en cas de crise devraient s'en communiquer mutuellement les résultats. Établissez des normes de rendement fondées sur ces exercices ou revoyez le plan au besoin.

② LES AUDITOIRES

Bien connaître vos auditoires revêt une importance cruciale. Les médias seront presque toujours du nombre, mais ils ne seront certainement pas les seuls et pas nécessairement les plus importants. Vous devriez déterminer tous les auditoires possibles dans votre plan de communications en cas de crise. Cela peut comprendre la population en général, les groupes de pression ou d'intérêts, les scientifiques, les médias spécialisés, etc. Formez des réseaux et rédigez les listes des personnes à joindre dès maintenant, de manière à ne pas être pris au dépourvu lors du déclenchement d'une crise. Préparez-vous à répondre à leurs besoins d'information afin de prendre l'initiative au lieu de réagir lorsqu'il s'agit d'ouvrir des canaux de communication.

Votre auditoire interne et vos organismes partenaires sont particulièrement importants. Les partenaires gouvernementaux et non gouvernementaux peuvent être des alliés très utiles. Pendant une crise, les partenaires peuvent conjuguer leurs activités en matière de communications avec des auditoires cibles mutuels. Portez une attention particulière à leurs préoccupations et à leurs ordres du jour. Et surtout, veillez à ce qu'ils soient consultés, tenus au courant et intégrés au processus de gestion des crises. Il va de soi que cela sera d'autant plus facile si vous avez établi vos réseaux avant le déclenchement de la crise.

L'une des fonctions importantes de l'équipe de communications en cas de crise consiste à rédiger les énoncés de position du gouvernement et à préparer les questions et les réponses en vue de la période des questions à la Chambre. Les ministres et les autres politiciens constituent souvent votre auditoire le plus immédiat. Il vous incombe de bien comprendre leurs attentes.

Mentionnons enfin qu'on néglige souvent l'auditoire interne, c'est-à-dire vos propres employés. Lorsqu'une crise survient, on a tendance à se replier sur soi. N'oubliez pas d'y inclure vos employés, sinon cela favorise la spéculation et les rumeurs. Veillez à ce qu'ils soient tenus au courant de manière à ce qu'ils puissent soutenir les mesures de gestion de la crise et à ce qu'ils contribuent à stabiliser la situation.

En résumé :
- ■ **Déterminez tous les auditoires possibles – autant internes qu'externes;**
- ■ **Analysez leurs besoins probables en matière de communications;**
- ■ **Établissez des listes de personnes à joindre et des réseaux de manière à prendre l'initiative au lieu de réagir;**
- ■ **Veillez à informer les membres de votre propre personnel.**

LA PLANIFICATION
DES COMMUNICATIONS EN CAS DE CRISE

3 ## LE PORTE-PAROLE DÉSIGNÉ

Sous la direction du chef de l'équipe de gestion des crises, le porte-parole désigné a pour mandat :

■ D'assumer toutes les communications <u>verbales</u> avec les médias et la population;

■ D'informer les gestionnaires supérieurs des ministères, y compris le ministre.

Le principe

Le concept du porte-parole désigné est absolument critique dans le contexte des communications en cas de crise. En termes crus, les personnes à qui vous confiez ce rôle de premier plan peuvent vous sauver ou vous détruire. Leurs interventions et leurs réactions devant les médias d'information influeront considérablement sur le contenu et le style des reportages et, par conséquent, sur la perception que la population aura de votre organisme. Le recours exclusif à des porte-parole désignés vous donne l'assurance de livrer un message cohérent à tous vos auditoires externes. Voilà pourquoi <u>seuls</u> les porte-parole désignés doivent prendre la parole devant les médias pendant une crise.

Véritables pivots, les porte-parole désignés doivent avoir une connaissance approfondie des politiques ministérielles, du processus parlementaire et de l'ensemble des rouages gouvernementaux. Ils doivent être bien renseignés et connaître les limites de leur mandat. Ils doivent veiller à répondre aux médias en préservant leur propre crédibilité et l'intégrité du ministère.

De manière générale, on devrait nommer plus d'un porte-parole désigné. On ne peut pas s'attendre à ce qu'une seule personne puisse s'acquitter de tout le travail qui résulte d'une crise en plein dénouement. Chaque équipe de gestion des crises devrait choisir à l'avance plusieurs porte-parole désignés et veiller à ce qu'ils aient accès à la formation et aux simulations de crises peu de temps après leur nomination. Le porte-parole désigné relève du chef de l'équipe de gestion des crises de la région ou de l'administration centrale, selon la gravité de la crise.

Les qualités requises

Que faut-il pour être porte-parole désigné? D'abord, dans le contexte de ce cours, il <u>faut</u> parler couramment les deux langues officielles. Si ce n'est pas possible, nommez un deuxième porte-parole qui parle couramment l'autre langue officielle.

Vos porte-parole désignés doivent s'exprimer avec assurance et être en mesure de fournir les explications pertinentes aux nombreux journalistes qui ne comprennent pas les données principales de l'enjeu. Ils doivent comprendre que le fait d'être un porte-parole désigné signifie qu'ils doivent accepter de sacrifier une partie de leur vie professionnelle et privée pendant la durée de la crise. Ils vont devenir des personnages publics inexorablement associés, par les médias, à l'événement médiatique lui-même. Voilà pourquoi il ne faut jamais forcer personne à accepter ce travail.

Le porte-parole désigné doit demeurer imperturbable dans le contexte survolté des rencontres avec de nombreux médias. Il doit communiquer avec précision et clarté et répondre à toutes les questions – même les plus stupides – d'une manière calme, lucide et intéressante. Il doit donner l'impression d'être sûr de lui, détendu et sincère. Un bon porte-parole désigné est toujours franc et ouvert – et idéalement, il possède un bon sens de l'humour.

LA PLANIFICATION
DES COMMUNICATIONS EN CAS DE CRISE

Le rôle

Être un porte-parole va bien au-delà des relations avec les médias. Votre porte-parole désigné représente votre lien avec la population. En parlant au nom des participants pendant une crise, le porte-parole leur permet de concentrer leurs efforts sur la gestion de la crise.

Votre porte-parole désigné fait partie de votre équipe de gestion des crises. Cette personne doit avoir été informée des questions importantes ou délicates, autant dans le cadre de la crise qu'au-delà, par rapport au cadre plus général des politiques et des programmes. L'une des fonctions essentielles du porte-parole désigné consiste à jauger l'impact possible des décisions de l'équipe de gestion des crises sur la perception des divers auditoires.

C'est au porte-parole qu'il incombe de préciser des limites qui soient acceptables de part et d'autre en ce qui concerne la divulgation de données. Cela peut s'avérer difficile face aux questions incessantes des journalistes. Pour contrer ce problème, plusieurs porte-parole ont recours à une «mantra», c'est-à-dire une phrase qui peut être répétée constamment en réponse aux questions auxquelles ils ne veulent pas répondre. Cette mantra doit évidemment être établie de concert avec l'équipe de gestion des crises et l'équipe des communications en cas de crise.

Les porte-parole désignés doivent également avoir le plus de renseignements possibles sur le traitement médiatique de la crise afin de corriger les erreurs et les inexactitudes des reportages et de prévoir les questions que les journalistes sont susceptibles de poser. Lorsqu'un reportage est inexact, ils doivent rétablir les faits sans identifier le média en cause.

«_Il importe avant tout que le porte-parole désigné jouisse de votre confiance. A-t-il le respect des autres membres de votre équipe de gestion des crises pour intervenir comme il le juge approprié en réponse aux médias? Si vous ne faites pas confiance à la personne qui deviendra votre porte-parole désigné, mieux vaut la remplacer.»_

...Robert Irvine, président,
Institute for Crisis Management, Louisville (Kentucky)

4 LES RELATIONS AVEC LES MÉDIAS

Les gens ont souvent l'impression que les communications en cas de crise gravitent autour des relations avec les médias... ce qu'on appelle souvent «la prise en charge des médias».

Faisons d'abord une mise au point : les relations avec les médias ne consistent pas à s'occuper des médias, mais plutôt à <u>travailler</u> de concert avec eux. Dans l'ambiance survoltée d'une crise, vos relations avec les journalistes et votre aptitude à répondre promptement et efficacement à leurs demandes influent directement sur le traitement médiatique de l'événement et, par ricochet, sur la perception qu'auront les divers auditoires de la gestion de la crise.

Des ouvrages entiers ont été consacrés aux relations efficaces avec les médias, et une analyse exhaustive de ce sujet dépasse le mandat de ce cours. Voici néanmoins quelques lignes directrices pour vous aider à vous préparer à affronter ce domaine complexe et à y évoluer.

LA PLANIFICATION DES COMMUNICATIONS EN CAS DE CRISE

L'établissement d'un réseau

Avant de commencer, répertoriez la communauté médiatique. Dressez une liste des personnes à joindre dans tous les médias d'information susceptibles de couvrir l'événement, en indiquant leurs numéros de téléphone et de télécopieur. Lors du déclenchement d'une crise, vous devez être en mesure de joindre rapidement les représentants des principaux médias. S'ils vous connaissent déjà, ce processus sera plus efficace. Tenez constamment cette liste à jour.

Les besoins des médias

Pensez à ce que veulent les médias. Les journalistes sont formés pour demander «qui, quoi, où, quand, comment et pourquoi». Essayez de prévoir les questions les moins probables et les plus probables. Souvenez-vous que votre véritable auditoire, ce ne sont pas les médias, mais la population. Tenez compte de la manière dont les médias vont présenter l'entrevue au public.

Voici quelques questions typiques que posent les journalistes :
- Qu'est-ce qui s'est produit? Où? Quand?
- Y a-t-il des blessés ou des morts? Combien, qui sont-ils?
- N'y a-t-il pas des mécanismes pour éviter ce genre de situation?
- Quelles mesures prenez-vous pour maîtriser la situation?
- Combien cela va-t-il coûter? Qui va payer?
- Cela s'est-il produit avant ou ailleurs? Pourquoi n'y étiez-vous pas préparé?

… et ainsi de suite. Vous pouvez – et devriez – prévoir toutes les questions que l'on risque de vous poser et vous préparer à y répondre, de concert avec vos porte-parole désignés.

La collaboration avec les médias

Soyez disponible. Les journalistes ont des heures de tombée à respecter. Ils doivent être en mesure d'entrer en contact avec votre personnel affecté aux communications rapidement, à toute heure du jour ou de la nuit, pour respecter les exigences de publication ou de diffusion au pays et dans le monde entier. Vous devrez peut-être constituer des équipes de relève afin de fournir un service téléphonique 24 heures sur 24 et répondre aux besoins des médias.

Les installations mises à la disposition des médias seront choisies de manière à qu'ils puissent y accéder facilement et y trouver un soutien technique. Les organismes directeurs et ceux de soutien doivent s'entendre et déterminer à qui incombe la responsabilité de fournir ces installations.

Prenez l'initiative. N'attendez pas que les médias communiquent avec vous si vous avez des renseignements susceptibles de contribuer à stabiliser et à dépolitiser la crise. Ils vous traiteront sans doute avec plus d'égards si vous faites des pieds et des mains pour les aider. Ne spéculez jamais. Si vous ne connaissez pas tous les faits, dites-le.

Ne divulguez rien sous le sceau de la confidentialité. Les expressions «de source anonyme» ou «de source généralement bien informée» ont souvent une signification différente pour chacun. Parler dans un contexte non officiel peut s'avérer dangereux car vous n'avez aucune idée de la manière dont le journaliste va utiliser ces informations. Comme l'a dit Robert Irvine à peu près en ces termes :

LA PLANIFICATION DES COMMUNICATIONS EN CAS DE CRISE

❮❮*Peu importe ce que vous appelez une source anonyme, ce recours est dangereux et il va inéluctablement nuire à un membre de l'organisme... car on n'a pas à faire de confidences lorsqu'on a quelque chose de positif à dire à un journaliste.*»

Vous devez comprendre que les journalistes sont sceptiques de par leur formation. Les questions qu'ils posent sont légitimes, et il incombe à l'équipe de gestion des crises et au porte-parole désigné de leur donner des réponses franches et cohérentes.

❮❮*Lorsque vient le temps d'expliquer, disons, une catastrophe, je m'adresse au fonctionnaire pour lui demander qu'est-ce qui s'est passé..., où, quand et pourquoi? Puis je me tourne vers le politicien afin de lui demander pourquoi cela est arrivé et qu'est-ce que le gouvernement compte faire à ce sujet?*»
... Kirk LaPointe, directeur,
bureau de la Presse canadienne à Ottawa

La transmission du message

Vous pouvez recourir à tout un éventail de produits et d'activités pour vos communications. Ils contribuent tous à la transmission de votre message.

Les infocapsules : Les infocapsules présentent la position du ministère sur une crise naissante et constituent la première déclaration officielle. Avant de les diffuser, on doit :
- obtenir l'assurance du spécialiste du programme de l'équipe nationale de gestion des crises, selon le cas, que les faits sont exacts;
- vérifier le style, le message et la position du ministère auprès du conseiller en communications de l'équipe de gestion des crises;
- vérifier la position du gouvernement auprès du Bureau du Conseil privé (Secrétariat des Communications).

Les communiqués de presse : Ce sont des déclarations officielles élaborées qui présentent les nouveaux développements. Ils doivent être rédigés dans un style journalistique afin d'en faciliter l'utilisation par les médias. Les communiqués de presse peuvent être rédigés par les équipes des communications de tous les paliers, mais les communiqués régionaux doivent être transmis à l'administration centrale de l'équipe de gestion des crises pour commentaires. Les communiqués de presse doivent être approuvés au préalable par cette équipe, le directeur général des Communications et le cabinet du ministre.

Les conférences de presse : Les conférences de presse permettent aux porte-parole désignés de transmettre le même message à tous les médias, en même temps. La décision de convoquer une conférence de presse doit être prise conjointement avec l'équipe de gestion des crises. Des représentants des équipes de communications en cas de crise de la région et de l'administration centrale doivent aider à la tenue des conférences de presse.

Les entrevues avec les médias : Les entrevues peuvent être demandées par les médias ou proposées par l'équipe des communications en cas de crise. Elles peuvent être utiles pour contrer les rumeurs ou les dommages. Elles aident également à obtenir l'appui des médias et fournissent aux équipes de gestion des crises des occasions d'orienter le traitement de la crise par les médias.

LA PLANIFICATION DES COMMUNICATIONS EN CAS DE CRISE

Les trousses d'information : Les trousses d'information sont préparées à l'intention des médias et comprennent des communiqués de presse, des fiches d'information, des feuilles de renseignements et des discours. On les remet pendant les conférences de presse ou lors des entrevues avec les médias et elles doivent fournir les noms des personnes à joindre au sein de l'équipe de communications. Les trousses d'information, les documents utilisés pour les conférences de presse et d'autres documents peuvent être réutilisés à l'occasion de visites sur les lieux et pour répondre aux demandes spéciales d'information. On peut également utiliser des séquences d'archives et des aides visuelles d'autres sources.

➡ Voici enfin une dernière remarque en ce qui concerne les communications en cas de crise : tous les membres des équipes de communications en cas de crise devraient recevoir une formation en relations avec les médias et en information publique. De nombreux cours sont actuellement offerts par divers ministères. Pour savoir quels cours sont disponibles dans votre région, veuillez communiquer avec le directeur général des Communications de votre ministère.

LA RÉACTION DEVANT LA CRISE

ÉTAPE 1

L'analyse de la situation et la définition des problèmes et des objectifs de communication :

❏ Recueillir l'information :
  ❏ Consigner les demandes d'information des médias, de la population et des autres ministères fédéraux;
  ❏ Déterminer les dangers possibles et les besoins en matière d'intervention;
  ❏ Analyser la vulnérabilité possible des éléments de communication;
  ❏ Examiner l'information et combler les lacunes;
  ❏ Confirmer les faits;
❏ Définir la crise;
❏ Alerter ceux qui doivent en être informés;
❏ Mettre en marche et adapter le plan de communications;
❏ Déterminer les principales mesures;
❏ Examiner les capacités de communication et définir les besoins supplémentaires.

ÉTAPE 2

La formation de l'équipe de communications et la répartition des responsabilités :

❏ Communiquer avec les équipes de communications régionales ou avec celles du service qui correspondent au niveau de la crise;
❏ Confirmer l'organisme directeur (l'organisme directeur exposera la position du gouvernement, les organismes de soutien exposeront celle des autres ministères);
❏ Communiquer avec les porte-parole désignés;
❏ Déterminer qui rédigera le plan de communications particulier à la crise actuelle;
❏ Déléguer les rôles internes en matière de communications et de prise de décision;
❏ Définir la politique sur les ressources de soutien et repérer les spécialistes techniques, les analystes stratégiques, les spécialistes en relations avec les médias, etc.
❏ Communiquer au besoin avec les équipes de communications des autres ministères fédéraux.

LA RÉACTION DEVANT LA CRISE

ÉTAPE 3 **L'évaluation des auditoires cibles :**
- ❑ Analyser les demandes d'information;
- ❑ Énumérer les auditoires probables;
- ❑ Distinguer les types d'auditoires : directement ou indirectement touchés, susceptibles de donner leur appui ou de se montrer hostiles;
- ❑ Énumérer les groupes selon le type d'auditoire et déterminer leurs préoccupations et leurs positions;
- ❑ Déterminer des auditoires cibles particuliers et les classer selon leur importance;
- ❑ Examiner les recherches disponibles sur l'opinion publique;
- ❑ Préparer des listes de personnes à joindre dans les auditoires cibles.

ÉTAPE 4 **L'élaboration des messages et des véhicules :**
- ❑ Élaborer et cibler les grands thèmes et les messages;
- ❑ Déterminer les véhicules appropriés de transmission des messages;
- ❑ Veiller à ce que les partenaires des autres ministères fédéraux s'entendent sur les messages et les véhicules choisis;
- ❑ Obtenir les approbations nécessaires avant de transmettre les messages;
- ❑ Dans l'élaboration des thèmes et des messages :
  - ❑ Énoncer correctement le niveau d'urgence; éviter les affirmations exagérées ou en dessous de la vérité;
  - ❑ Éviter les blâmes; éviter les positions qui ont des conséquences sur le plan juridique;
  - ❑ Expliquer de façon brève et assurée tout ce qui peut être expliqué sur la situation;
  - ❑ Laisser l'intérêt de la population et des médias déterminer la somme et le niveau d'information à fournir. Faciliter l'activité des médias si l'intérêt est élevé, mais ne pas encourager cette activité si l'intérêt est faible;
  - ❑ Tenir compte des effets possibles du partage de l'information entre les auditoires et du fait que l'information peut venir d'autres sources;
  - ❑ Se montrer compatissant sans se confondre en excuses; ne pas regretter les conditions antérieures à la crise;
  - ❑ Conseiller la prévention de crises futures, s'il y a lieu;
  - ❑ Reconnaître les efforts et le travail bien fait;
  - ❑ Ne pas insister sur les réussites antérieures;
  - ❑ Souligner les possibilités futures.

ÉTAPE 5 **La réponse aux médias :**
- ❑ Examiner les stratégies d'intervention, les plans relatifs aux médias et les plans de communications;
- ❑ Distribuer les infocapsules;
- ❑ Consigner les demandes de renseignements des médias et aider à y répondre;
- ❑ Dresser des listes de personnes à joindre dans les médias; tenir compte des médias locaux, nationaux et internationaux;
- ❑ Distribuer les communiqués de presse, les feuilles de renseignements, les questions et réponses et les trousses d'information;
- ❑ Se préparer aux conférences de presse et aux entrevues sur les lieux;
- ❑ Préparer et aider les porte-parole désignés;
- ❑ Faire une répétition pour s'assurer que les porte-parole connaissent le dossier, qu'ils seront clairs, crédibles et qu'ils pourront être cités;

LA RÉACTION DEVANT LA CRISE

❏ Examiner les itinéraires des porte-parole;
❏ Assister aux exposés des porte-parole : séances d'information, téléconférences, entrevues, etc.;
❏ Assurer le suivi de toutes les demandes du ministre et des médias ainsi que de toutes les rencontres ministérielles et de celles avec les médias.

ÉTAPE 6 **L'examen et la modification des thèmes et des messages :**
❏ Analyser le traitement journalistique et la réaction de la population;
❏ Vérifier l'efficacité des communications telle qu'elle est perçue par vos partenaires au sein de votre ministère et des autres ministères;
❏ Examiner les efforts déployés par rapport à l'évaluation originale de la crise et le plan de communications qui en a résulté;
❏ Fignoler et réviser les thèmes et les messages si nécessaire.

ÉTAPE 7 **L'établissement des dossiers et l'examen rétrospectif :**
❏ Consigner les événements;
❏ Évaluer le rendement de l'équipe de communications;
❏ Comparer les résultats avec les partenaires des communications;
❏ Déterminer s'il faut élaborer des produits et procéder à des activités de communications de suivi;
❏ Modifier les stratégies d'intervention et les plans de communications originaux, si nécessaire;
❏ Réviser les listes de personnes à joindre;
❏ Remercier toutes les personnes qui ont apporté leur concours.

CONCLUSION

Le succès des communications en cas de crise repose sur une combinaison d'éléments qui mettent en jeu la planification, la formation, des procédés sensés et la capacité de porter des jugements justes et rapides dans des circonstances complexes. La capacité pour le personnel des communications de votre ministère de combiner ces compétences est vitale pour rendre des comptes à la population et assurer le bon fonctionnement du gouvernement pendant une crise.

Ce module a pour objectif d'aider les ministères à atteindre un même niveau de préparation en matière de communications en cas de crise. Les éléments que nous avons exposés doivent servir de point de départ aux gestionnaires qui ont un rôle à jouer sur le plan des communications en cas de crise. Rappelez-vous qu'un bon gestionnaire des communications en cas de crise est alerte, clair, cohérent, coopératif, factuel, franc et impartial, qu'il prend l'initiative et qu'il est ponctuel et visible.

Les communications en cas de crises <u>sont</u> complexes. Il faut tenir compte de nombreux paliers hiérarchiques… et il y a souvent beaucoup d'informations – à caractère tant technique que politique – à contrôler et à diffuser. La plupart d'entre vous savez déjà à quel point il peut être difficile de collaborer avec les médias dans un tel climat de pression. Mais les communications en cas de crise peuvent être gérées de manière efficace.

Et si vous y êtes bien préparé, la manière dont vous communiquerez pendant une crise peut même transformer une situation chaotique en un atout.

MODULE

5

L'intégration

Vous trouverez ci-dessous une adaptation de la vidéo du Module 5 du programme. La reconstitution d'une crise qu'elle présente permet de montrer comment les éléments de la gestion d'une crise et des communications s'intègrent dans la réalité.

Nous vous recommandons de regarder d'abord la vidéo. L'adaptation se veut une référence et un rappel des étapes de la gestion d'une crise. Le scénario…

2 h 47, JOUR 1 … QUELQUE PART DANS LE GOLFE DU SAINT-LAURENT

… Un navire émerge de l'obscurité, filant lentement et sans bruit, ses feux de navigation à demi allumés. À tribord, quelques membres de l'équipage commencent à jeter des barils dans l'eau … À l'insu de l'équipage du mystérieux navire, un canot pneumatique motorisé approche à vive allure. Les deux personnes qui sont à bord portent des casquettes du groupe écologiste «Planetwatch». Manoeuvrant près des barils, l'une d'elles capte la scène à l'aide d'une caméra vidéo.
Le mystérieux navire disparaît dans la nuit.

6 h, JOUR 1 … DANS UN CENTRE DES OPÉRATIONS
DE LA GARDE CÔTIÈRE CANADIENNE SITUÉ À PROXIMITÉ

… John Hopkins, l'officier en service ce matin-là, répond au téléphone : *«Ici Dave Martin, du groupe écologiste Planetwatch. Je tiens à vous informer que nous avons fait votre travail à votre place. Nous venons d'observer un navire qui déversait des déchets toxiques dans la zone où le Oilcor Eagle a coulé. Nous avons un enregistrement vidéo pour le prouver et nous allons le montrer aux médias.»*

Dès qu'il a raccroché, John Hopkins contacte le centre régional. Il a décidé qu'une inspection des lieux s'impose. Des représentants de la Garde côtière et d'Environnement Canada y sont envoyés.

7 h 15, JOUR 1 … À BORD D'UN NAVIRE DE LA GARDE CÔTIÈRE

L'équipe d'inspection discute avec le capitaine du navire et un plongeur qui revient d'examiner le lieu du déversement. Ils apprennent qu'il y a une centaine de barils, la plupart directement sur l'épave du *Oilcor Eagle*, un pétrolier qui a coulé avec sa pleine cargaison d'hydrocarbures il y a une quinzaine d'années. Quelques barils sont très rouillés. Ils portent tous une identification quelconque : une série de chiffres ou l'inscription «Pickle Liquor» peinte au stencil. L'analyse préliminaire du contenu des barils indique qu'ils contiennent une solution acide.

L'INTÉGRATION

... AU BUREAU CENTRAL DE LA GARDE CÔTIÈRE, À OTTAWA

... Jacques Savard, le directeur de la Direction de la gestion ministérielle des crises, à la Garde côtière, reçoit un appel urgent...

EXERCICE N° 1

Jacques Savard vient tout juste d'être informé du déversement illégal de produits chimiques toxiques dans les eaux canadiennes. L'enquête initiale laisse entrevoir que ces déversements ont pu commencer il y a quelque temps déjà. Le groupe écologiste Planetwatch a filmé le déversement et il va montrer cette cassette vidéo aux médias.

Que doit maintenant faire Jacques Savard?

... À OTTAWA

Jacques Savard a immédiatement convoqué une téléconférence car la situation risque de dégénérer en crise. Y participent le personnel sur place de la Garde côtière (région des Laurentides) ainsi que des représentants du Secrétariat de la gestion des crises du Bureau du Conseil privé, du bureau du sous-ministre adjoint d'Environnement Canada et de la Direction de la gestion ministérielle des crises de la Garde côtière canadienne, qui relèvent de Jacques. Le déversement étant survenu à proximité d'un parc provincial, d'une réserve faunique et d'un nouveau parc marin fédéral, on décide de prévenir les collègues des Parcs nationaux et provinciaux, de même que Protection civile Canada. Les médias de la région de l'Atlantique auraient déjà rapporté le déversement, et tout porte à croire que ce mouvement va s'accentuer.

Le premier point à l'ordre du jour consiste à déterminer à qui incombe le rôle d'organisme responsable.

Clair Martin, du Bureau du Conseil privé, fait la recommandation suivante : *«Il y a de nombreuses questions qui demeurent sans réponse actuellement. On ignore si le navire est vraiment la source de cette pollution. À mon avis, il faut traiter cet incident comme un déversement d'origine inconnue, et, dans ce cas, en me basant sur les ententes actuelles, je suggère qu'Environnement Canada soit l'organisme responsable dans ce dossier, du moins jusqu'à ce que l'on ait précisé l'étendue de la menace pour l'environnement et qu'on ait procédé au nettoyage.»*

- ■ **Commencer à agir**
- ■ **Recueillir l'information**
- ■ **Informer les intervenants**
- ■ **Déterminer l'organisme responsable**
- ■ **Confirmer son propre rôle**
- ■ **Mettre en branle le plan**

Environnement Canada met en branle son plan de gestion des crises et informe tous les partenaires visés qu'il sera l'organisme responsable. Au nombre de ces partenaires, il y a le ministère de la Santé, Protection civile Canada, Parcs Canada, le MAINC et le MDN qui vont fournir un appui logistique.

L'INTÉGRATION

11 h, JOUR 1 ... SALLE DE GESTION DES CRISES D'ENVIRONNEMENT CANADA, À HULL

Le Sous-ministre adjoint présente Paul Cuillerier, qui a été nommé coordonnateur national de la crise, et il lui confie la suite de la téléconférence.
Paul présente les membres de l'équipe.

EXERCICE N° 2

... La réunion est interrompue par l'arrivée d'une secrétaire qui remet un message à Lynn Adams, la conseillère en communications. Un journaliste de Radio-Canada l'appelle au téléphone pour lui demander de confirmer qu'il y a eu un déversement et pour connaître la réaction initiale du gouvernement. Lynn devrait-elle parler au journaliste?

Si oui, que doit-elle répondre?

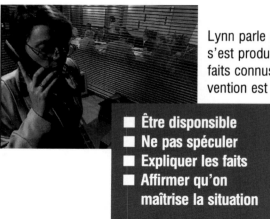

■ **Être disponible**
■ **Ne pas spéculer**
■ **Expliquer les faits**
■ **Affirmer qu'on maîtrise la situation**

Lynn parle au journaliste. Elle confirme que l'incident s'est produit et elle énonce clairement et directement les faits connus, à savoir qu'une équipe fédérale d'intervention est sur les lieux pour évaluer la situation et qu'on va publier une infocapsule lorsqu'on saura à quoi s'en tenir. Elle lui dit qu'elle ne peut rien ajouter tant qu'elle n'aura pas une vue d'ensemble de la situation : *«Nous allons publier une infocapsule vers 14 h, et un porte-parole désigné sera disponible vers 17 h».*

Former l'équipe et attribuer les responsabilités :
■ Coordination de la crise
■ Communications
■ Porte-parole
■ Contentieux
■ Budget
■ Sciences et technologie
■ Politiques
■ Rédaction
■ Partenaires :
   Pêches et Océans Canada
   Garde côtière canadienne

---

12 h 5, JOUR 1 ... SALLE DE GESTION DES CRISES

L'équipe de gestion de la crise regarde le bulletin de nouvelles de 12 h à la télévision.
Extraits du reportage :
JOURNALISTE : *«Selon Planetwatch, des armateurs peu scrupuleux déverseraient des produits toxiques à cet endroit, depuis quelque temps déjà.»*

REPRÉSENTANT DE PLANETWATCH : *«Le gouvernement fédéral ne fait pas respecter ses propres règlements. Des hydrocarbures s'échappent du Oilcor Eagle depuis plus de 17 ans, et on n'a strictement rien fait. Le gouvernement affirme qu'il n'y a aucun problème. Entre-temps, il y en a d'autres qui sont venus déverser leurs déchets toxiques au-dessus de l'épave.»*

JOURNALISTE : *«Environnement Canada a confirmé qu'une équipe fédérale d'intervention d'urgence est sur les lieux pour évaluer la situation. On attend une déclaration plus tard aujourd'hui. Nous suivons l'affaire et nous vous tiendrons au courant des plus récents développements.»*

L'INTÉGRATION

De toute évidence, la situation se dégrade. Il ne reste que deux heures avant la période des questions et il faut absolument préparer une liste de questions et de réponses. Lynn Adams quitte la réunion de l'équipe de gestion de la crise pour s'occuper des communications. En collaboration avec le groupe des communications en cas de crise qu'elle dirige, elle rédige une infocapsule et la fait distribuer à tous les organismes partenaires pour avoir leurs commentaires et la faire approuver avant 13 h.

Dans la salle de gestion des crises, l'équipe fait le point sur la crise qu'il faut gérer. Son mandat consiste à :

> **Mobiliser les actifs fédéraux afin de :**
> - **déterminer ce qui s'est produit;**
> - **nettoyer le lieu du déversement;**
> - **regagner la confiance perdue.**

On dispose maintenant d'autres données. Les rapports de l'équipe d'Environnement Canada qui a été dépêchée sur les lieux confirment qu'environ le quart des barils sont rouillés et semblent avoir des fuites. Dans l'eau de mer, il faut une quinzaine d'années pour que les barils rouillent à ce point. Il est donc plausible que les déversements durent depuis assez longtemps (comme le prétend Planetwatch). Les organismes locaux responsables de la santé publique ont interdit l'accès aux plages du parc provincial jusqu'à ce qu'on soit fixé quant à la gravité de la contamination et aux risques qu'elle présente pour la santé.

EXERCICE N° 3

La politique gouvernementale en matière d'environnement a été prise à partie récemment, et il est probable que cet incident suscite des questions à la période des questions d'aujourd'hui. Pourtant, à ce stade, on en sait relativement peu sur la situation.

Quelle devrait être la réaction initiale du gouvernement?

14 h 42, JOUR 1 ... **LA PÉRIODE DES QUESTIONS, À OTTAWA**

EXTRAIT D'UNE QUESTION D'UN DÉPUTÉ : *«Monsieur le Président, comment la Ministre de l'Environnement ou le Ministre des Transports réagissent-ils aux allégations de déversement de produits chimiques dans les eaux canadiennes et au fait que ces déversements durent depuis 15 ans sans que le gouvernement n'intervienne? L'un ou l'autre de ces ministres est-il en mesure de prouver à la population canadienne que ce gouvernement s'occupe de la situation?»*

EXTRAIT DE LA RÉPONSE DU MINISTRE : *«Monsieur le Président, je suis en mesure de certifier à l'honorable député que des équipes d'intervention d'Environnement Canada, de la Garde côtière et du ministère de la Défense nationale sont sur les lieux depuis très tôt ce matin. Elles ont confirmé qu'il y a effectivement eu un déversement illégal et constaté qu'il y a contamination. Je leur ai donné la mandat de mener une enquête complète, mais il est actuellement prématuré de spéculer à propos des allégations selon lesquelles ces déversements durent depuis 15 ans.»*

> - **Éviter les réponses évasives;**
> - **Reconnaître l'événement survenu;**
> - **Expliquer les autres mesures à prendre;**
> - **Persuader qu'on maîtrise la situation.**

L'INTÉGRATION

15 h 50, JOUR 1 ... SALLE DE GESTION DES CRISES, À OTTAWA

La piste du navire suspect, le *Maxima*, remonte jusqu'à la «Global Waste Management», une entreprise étrangère spécialisée dans l'élimination de déchets toxiques. La fiche de l'entreprise est douteuse. On prétend qu'elle transporte ces déchets pour s'en défaire dans les décharges de pays du tiers-monde. La *Global Waste Management* a relativement peu d'activités au Canada : elle traite surtout avec des entreprises des États-Unis. On tente actuellement d'identifier et de retracer les clients de l'entreprise afin de savoir quelle était la cargaison du navire.

À la demande de Paul, Lynn fournit un compte rendu de la couverture médiatique faite jusqu'ici :
LYNN : *«Les stations radiophoniques des Maritimes et de l'est du Québec rapportent déjà l'événement. CBC Newsworld en parle de manière plus succincte, mais tout indique que la nouvelle sera diffusée à l'échelle nationale à 18 h.»*
PAUL : *«Est-ce qu'on prépare une réponse?»*
LYNN : *«On est en train de préparer une infocapsule et une déclaration officielle, et, bien sûr, Daniel, le porte-parole désigné, sera interviewé aux nouvelles de 18 h.»*

Daniel s'enquiert auprès de Lynn de la manière dont Planetwatch va probablement traiter la situation.
LYNN : *«Je vous ai préparé un dossier sur Planetwatch. Ce groupe talonne la Global Waste Management depuis un bon bout de temps. On doit s'attendre à ce qu'il exagère afin d'obtenir la plus grande couverture médiatique possible.»*

Entre-temps, le groupe d'intervention régionale a évalué les coûts du nettoyage. On prévoit des dépenses de l'ordre d'un million de dollars pour le nettoyage des lieux, les tests, le matériel et la mise sur pied d'un laboratoire sur place.
... Paul demande à la conseillère financière de l'équipe d'entrer en contact avec ses collègues du Secrétariat du Conseil du Trésor afin de réserver les fonds le plus tôt possible.

16 h 45, JOUR 1 ... À OTTAWA

Daniel Couture, le porte-parole désigné de l'équipe, s'apprête à accorder une interview à la télévision.

EXERCICE N° 4

Daniel Couture, l'un des directeurs généraux du Service de la protection de l'environnement, a été le porte-parole désigné d'Environnement Canada à l'occasion de plusieurs crises récentes.

Quelles sont les caractéristiques d'un bon porte-parole?

EXTRAIT DE L'INTERVIEW DE DANIEL AU TÉLÉJOURNAL DE LA CHAÎNE FRANÇAISE :
«Je peux assurer la population canadienne qu'il n'y a absolument aucun danger pour la santé des gens. Il y a très peu de matières. On n'a trouvé qu'un peu de matières qui ont été relâchées par les barils en question, mais à l'état de traces seulement.»

L'INTÉGRATION

EXTRAIT DE L'INTERVIEW DE DANIEL AUX NOUVELLES DE LA CHAÎNE ANGLAISE : *«Les plongeurs des Forces armées canadiennes ont surveillé et filmé l'épave pour la Garde côtière pendant de nombreuses années. Toutefois, nous n'avons jamais vu de baril sur les enregistrements vidéo dont nous disposons. J'ignore d'où Planetwatch tient cette information.»*

SUITE DU REPORTAGE À LA CHAÎNE DE TÉLÉVISION ANGLAISE : *«Le gouvernement affirme maîtriser la situation, mais ses propos rassurants n'ont pas suffi à rassurer la population qui vit près du lieu du déversement.»*

UNE MÈRE DE LA LOCALITÉ : *«Mes enfants jouaient souvent sur la plage... Qu'est-ce qui me dit qu'ils n'ont pas été exposés à un quelconque poison mortel? Ils ont fermé la plage maintenant. Il y a sûrement quelque chose qui ne va pas. Tout le monde se meurt d'inquiétude.»*

19 h 40, JOUR 1 **... SALLE DE GESTION DES CRISES**

David Thornton, le conseiller scientifique de l'équipe, fait rapport sur le contenu des barils : *«D'après la vidéo de Planetwatch, il semble y avoir deux genres de déchets. Les barils neufs contiennent un produit chimique industriel d'usage courant connu sous le nom de «Pickle Liquor», c'est-à-dire du chlorure ferrique en solution dans de l'acide chlorhydrique. Les vieux barils portent le numéro «NA9389», ce qui signifie qu'ils contiennent des poussières de plomb acidifiées.»*

L'enquête pour remonter la filière des produits chimiques a montré que les poussières de plomb acidifiées trouvées dans les barils rouillés proviennent peut-être d'une usine désaffectée de l'Ontario qui a été décontaminée l'an dernier. L'entreprise qui dirigeait les travaux de nettoyage a confié l'élimination des contaminants à la *Global Waste Management*.

D'autres renseignements ont été fournis par la GRC, qui a prêté son concours à l'équipe. La commission de port de Hamilton aurait confirmé qu'on a chargé à bord du *Maxima* plus de 100 barils de poussières de plomb acidifiées, le 26 juin. Le manifeste du navire mentionne également qu'il transportait 26 barils de chlorure ferrique, chargés légalement en provenance d'une entreprise d'élimination de déchets de l'État de New York.

Paul demande à Lynn Adams de lui donner un compte rendu de la couverture faite par les médias.

LYNN : *«L'intérêt des médias s'accroît de minute en minute. On va présenter des reportages aux téléjournaux nationaux de Radio-Canada de même qu'aux émissions «Le Point» et «CBC Prime Time». En outre, on parle de l'événement à tous les bulletins d'information des médias régionaux, surtout dans les provinces de l'Atlantique, où on présente des reportages en profondeur. Demain matin, les grands réseaux vont interviewer conjointement un représentent du gouvernement et le porte-parole de Planetwatch.»*

L'INTÉGRATION

EXERCICE N° 5

Devant l'attention médiatique croissante, les communications sont devenues cruciales. Or, on dispose maintenant de nouveaux renseignements sur la provenance des contaminants.

Quels aspects l'équipe des communications de Lynn doit-elle privilégier?

23 h 15, JOUR 1 ... **SALLE DE GESTION DES CRISES**

... Avec les membres de son équipe, Lynn termine la révision d'une infocapsule qu'elle présente à tous les partenaires visés afin d'obtenir leurs commentaires et leur approbation le plus rapidement possible et de transmettre l'information à temps pour les nouvelles du matin.

- ■ **S'assurer de l'accord des partenaires**
- ■ **Ne divulguer que les faits confirmés**
- ■ **Prévoir les questions susceptibles d'être posées**
- ■ **Rassurer constamment «situation en main»**
- ■ **Se préparer à l'avance**
- ■ **Répéter, répéter... et encore répéter!**

... Afin que Daniel soit bien préparé, Lynn passe en revue les principaux sujets d'entretien pour l'interview du lendemain matin.

Ce soir, Daniel va revoir toutes les questions prévisibles et se pratiquer à y répondre en compagnie d'un collègue qui va jouer le rôle de «l'avocat du diable».

LE LENDEMAIN

9 h 30, JOUR 2 ... **SALLE DE GESTION DES CRISES, À OTTAWA**

Toute l'équipe de gestion de la crise s'est réunie pour faire le point. Au tableau de présentation, Lynn Adams fait l'analyse de la couverture médiatique.
LYNN : *«Comme vous le constatez, il y a une nette amélioration de la couverture médiatique. Je pense que l'on peut parler d'un virage.»*

En dépit du ton plus favorable des reportages, il faut toutefois s'attendre à ce que l'on pose encore plus de questions à la Chambre aujourd'hui. L'équipe de Lynn concentrera ses efforts sur la préparation d'une bonne série de questions et réponses qui tiendront compte de tous les nouveaux renseignements reçus afin que la Ministre soit dans une meilleure posture qu'auparavant.

Elle prévient son équipe de mettre l'accent sur le fait qu'il s'agit d'un «incident isolé».

L'INTÉGRATION

EXTRAIT DU TÉLÉJOURNAL RÉSEAU DE LA SOIRÉE :

VOIX DU JOURNALISTE : *«La Ministre de l'Environnement a confirmé aujourd'hui que les barils de produits chimiques qu'on a récupérés sur l'épave du Oilcor Eagle y ont été rejetés avant-hier soir et qu'il ne s'agit pas – comme le prétend le groupe écologiste Planetwatch – d'une série de déversements illégaux qui durent depuis longtemps sur les lieux du naufrage du Oilcor Eagle.»*

«La Ministre de l'Environnement est convaincue qu'il s'agit d'un incident isolé. Avec le concours de la Garde côtière et des plongeurs des Forces canadiennes, Environnement Canada aura terminé les travaux de nettoyage d'ici 48 heures. Et en accord avec les instances judiciaires concernées, le gouvernement intentera des poursuites contre les propriétaires de l'entreprise d'élimination de déchets qui est en cause.»

Nous allons nous arrêter là, maintenant que la situation est passablement bien maîtrisée. Prenez quelques minutes pour penser à la crise qui vous a été présentée. Par rapport à d'autres crises, son déroulement était assez simple. Elle n'en a pas moins fait appel à un nombre imposant d'organismes et de groupes qui ont collaboré à maîtriser et à dépolitiser la crise, soit :

- ✔ la Garde côtière canadienne
- ✔ Environnement Canada
- ✔ le Bureau du Conseil privé
- ✔ le Secrétariat du Conseil du Trésor
- ✔ Pêches et Océans Canada
- ✔ Parcs Canada, Patrimoine canadien
- ✔ Santé Canada
- ✔ Protection civile Canada
- ✔ la Défense nationale
- ✔ les Forces armées canadiennes
- ✔ la GRC

de même qu'à plusieurs organismes locaux, régionaux et provinciaux.

En somme, même un événement plutôt simple, tant du point de vue technique que politique, peut représenter un défi complexe en matière de gestion des crises. Mais c'est un défi auquel vous pouvez vous préparer en comprenant bien :

- ■ ce qu'est une crise;
- ■ quelles sont les étapes à suivre pour maîtriser la situation et rétablir la confiance;
- ■ quelle est l'importance d'un plan cohérent de communications et, surtout;
- ■ ce qu'est un plan de gestion des crises solide et éprouvé.

Les crises qui surviennent dans un contexte politique peuvent représenter d'importants défis.

Elles sont inéluctables. Mais si vous y êtes bien préparé, vous serez en mesure de renverser une situation désordonnée et chaotique à votre avantage.

RÉFÉRENCES

Communicating in a Crisis: A Guidebook for Handling the Public Affairs Aspects of an Emergency; Chevron Corporate Communications, 225 Bush Street, San Francisco, CA 94104, 1991.

Crisis Communications; International Association of Business Communicators, Suite 600, One Hallidie Plaza, San Francisco, CA 94102, 1991.

Crisis Management - A Casebook; Michael Charles & John Kim, Charles Thomas Publisher, 2600 S. First Street, Springfield, IL 62794, 1988, ISBN 0-398-05408-8.

Crisis Management in Government... Lessons Learned; montage de diapositives présenté par M. Peter Meyboom, 1989. Exemplaires disponibles auprès d'Environnement Canada, 351, boul. St-Joseph, 17e étage, Hull (Québec) K1A 0H3.

États d'urgence; Patrick Lagadec, Wilson & Lafleur, 40, rue Notre-Dame est, Montréal (Québec) H2Y 1B9, 1988.

Guide de planification de la gestion des crises; Environnement Canada, 351, boul. St-Joseph, 17e étage, Hull (Québec) K1A 0H3, 1991.

Guide de planification pour la gestion des crises; Environnement Canada, 351, boul. St-Joseph, 17e étage, Hull (Québec) K1A 0H3, 1992.

Guide d'introduction sur la gestion des crises; Environnement Canada, 351, boul. St-Joseph, 17e étage, Hull (Québec) K1A 0H3, 1992.

Guide ministériel de planification des communications en cas de crises; Environnement Canada, 351, boul. St-Joseph, 17e étage, Hull (Québec) K1A 0H3, 1993.

Handbook of Effective Emergency and Crisis Management; Mayer Nudell & Norman Antokol, Lexington Books, Maxwell MacMillan Canada, 539 Collier MacMillan Dr., Cambridge, Ontario N1R 5W9, 1988, ISBN 0-669-24948-3.

On the Spot; Dow Corning Corporation, P.O. Box 1000, Plymouth, MI 48170, 1990.

When It Hits the Fan; Gerald C. Meyers, Houghton Mifflin Company, 1 Beacon Street, Boston, MA 02108, 1986, ISBN 0-04-440039-X.

When You Are the Headline; Robert B. Irvine, Institute for Crisis Management, Suite 200, 710 W. Main Street, Louisville, KY 40202, 1987, ISBN 0-87094-926-8.